Uli Heuel • Mut für jede Woche

Uli Heuel

Mut für jede Woche

52 Impulse zum Auftanken

:STYRIA

Die Deutsche Bibliothek – CIP-Einheitsaufnahme

Heuel, Uli:
Mut für jede Woche : 52 Impulse zum Auftanken / Uli Heuel. –
Graz ; Wien ; Köln : Verl. Styria, 1998
ISBN 3-222-12631-3

Umschlaggestaltung: Graphic Pirker, Graz
Umschlagbild: Original von Hans Peter Hauf (Stuttgart),
Titel: „Texel".
Druck und Bindung: Wiener Verlag, Himberg
ISBN 3-222-12631-3

Inhaltsverzeichnis

Ein sonniger Anfang:
Mut für die Woche

Sabbat ...
Heute ist die Haut der Erde zart ...
der Friedensengel bewacht das Haus ...
Wir singen den siebenten Tag
wir rühmen die Ruh
(Rose Ausländer)

Drei Dinge sind ein Vorgeschmack der kommenden Welt: Sabbat, Sonne und Sexualität. *(Jüdisch-pharisäische Überlieferung)*

Gott, gib uns deinen Frieden! Einen Frieden ohne Unruhe, den Frieden jenes Sabbattages, der keinen Abend hat. Denn diese von dir wunderbar geschaffene und geordnete Welt wird vergehen, wenn deine Pläne mit ihr erfüllt sind, und dann dürfen wir in dir ruhen während des unendlichen Sabbats des ewigen Lebens. Auch du, Gott, wirst dann in uns ruhen – auf dieselbe Weise, wie du jetzt in uns wirkst. Und die Ruhe, die wir genießen, wird deine Ruhe sein, der du bewirkst das Schauen in der Zeit, die Zeiten selber und das Ruhen am Ende der Zeit. Denn auf dich hin hast du uns erschaffen, und unruhig ist unser Herz, bis es ruht in dir! *(Aurelius Augustinus)*

Am Anfang schuf Gott Himmel und Erde. Und Gott sprach: Es werde Licht! Und es ward Licht. Und Gott schied das Licht von der Finsternis. Da ward aus Abend und Morgen der erste Tag. Am siebten Tag vollendete Gott sein Werk und ruhte am siebten Tag von all seinen Werken. Und Gott segnete den siebten Tag und heiligte ihn. *(1. Buch Mose, Kapitel 1)*

Vergiß nicht den Tag der Ruhe, den Sabbat; er ist ein besonderer Tag, der mir geweiht ist. Sechs Tage in der Woche hast du Zeit, um deine Arbeit zu tun. Der siebte Tag aber soll ein Ruhetag sein, der mir, deinem Gott, gehört. Denn in sechs Tagen hat Gott Himmel und Erde erschaffen. Am siebten Tage aber ruhte er. Deshalb hat er den siebten Tag der Woche gesegnet und für heilig erklärt.

Und denk daran, mein Volk: Als du in der Knechtschaft Ägyptens lebtest, habe ich, dein Gott, dich von dort in die Freiheit geführt. Auch deshalb ist es mein Wille, daß du den Tag der Ruhe, des Freiseins von Arbeit, hältst als Zeichen der Befreiung und deiner Freiheit, als einen Tag, der mir geweiht ist. *(2. Buch Mose, Kapitel 20; 5. Buch Mose, Kapitel 5)*

Als der Sabbat vorüber war und der erste Tag der Woche anbrach, am frühen Sonntagmorgen, machten sich Maria aus Magdala und die andere Maria auf den Weg, um nach dem Grab Jesu zu sehen.

Plötzlich bebte die Erde, und ein Engel Gottes kam und sagte zu den Frauen: Fürchtet euch nicht! Ich weiß, ihr sucht Jesus, den Gekreuzigten. Er ist nicht hier – er ist auferstanden, wie er es vorausgesagt hat! *(Evangelium des Matthäus, Kapitel 28)*

Bis 1975 galt der Sonntag bei uns als erster Tag der Woche, sowohl nach „weltlichem" wie nach jüdisch-christlichem Kalender. Seitdem aber gibt es eine eigene „weltliche" Regelung: Gemäß einer Empfehlung der „Internationalen Organisation für Standardisierung" zählt im wirtschaftlich-technischen und darüber im gesamten öffentlichen Bereich der Sonntag als *letzter* Wochentag. Dementsprechend ist in den offiziellen Kalendern nicht mehr der Samstag, sondern der Sonntag das Wochen-Ende, der Montag erster Wochentag.

Für Juden und Christen jedoch bleibt traditionell der *eigentliche* Wochenanfang der Sonntag. Während Juden allerdings als wöchentlichen Feier- und Ruhetag, als „Sabbat", den siebten und letzten Wochentag, den Samstag, halten, feiern Christen den ersten Tag der jüdischen Woche, den Sonntag; wobei in den ersten drei Jahrhunderten der Sonntag zwar christlicher Feiertag, aber kein arbeitsfreier Ruhetag wie heute war.

Warum ist für Christen gerade der Sonntag der bedeutendste Wochentag und wöchentliche Feiertag? Weil es der Tag der Auferstehung Jesu Christi ist – Zentrum und Grund christlichen Glaubens: Christus, die Sonne der Gerechtigkeit, der Freiheit, des neuen und ewigen Lebens, durchbricht das Dunkel des Todes, der Kräfte des Bösen – die Befreiung Israels aus der Knechtschaft Ägyptens wird erhöht zur Befreiung des Menschen aus schuldhafter Selbstversklavung – erster Tag einer neuen Schöpfung – Morgendämmerung im neuen, österlichen Sonnenlicht – SONN-TAG! *(Uli Heuel)*

Zu neuer Hoffnung geboren, feiern wir den Herrentag (Sonntag), an dem auch unser Leben aufgegangen ist durch seinen Tod ... Am Herrentag legt alles beiseite und versammelt euch, um das heilbringende Wort zu hören und mit der göttlichen Speise, die ewig währt, genährt zu werden. ... Wir können ohne das sonntägliche Herrenmahl nicht existieren. *(Altchristliche Zeugnisse)*

Gott Lob, der Sonntag kommt herbei, / die Woche wird jetzt wieder neu. / Heut hat mein Gott das Licht gemacht, / mein Heil hat mir das Leben bracht. / Halleluja!
Das ist der Tag, da Jesus Christ / vom Tod für mich erstanden ist / und schenkt mir die Gerechtigkeit, / Trost, Leben, Heil und Seligkeit. / Halleluja!
Das ist der rechte Sonnentag, / da man sich nicht g'nug freuen mag, / da wir mit Gott versöhnt sind, / daß nun ein Christ heißt Gottes Kind. / Halleluja! *(Johann Olearius)*

Äußerlichkeiten ... sind Hinweise auf den Geist einer Sache, die unentbehrlich sind. Der Geist will inszeniert sein. Daß die Leute den Sonntag von anderen Tagen unterscheiden; daß sie den Unterschied deutlich machen ... auch dadurch, daß sie an diesem Tag anders gekleidet sind, anders essen und für anderes Zeit haben ... – solche Inszenierungen ... dramatisieren die Wichtigkeit der anstehenden Sache: des Gebetes, des Gottesdienstes, des Sonntags. *(Fulbert Steffensky)*

Es wäre zu zeigen, wie der Sonntag ein großes Tor sein müßte, durch das ewiges Leben in den Alltag und Kraft für die Arbeit der ganzen Woche einziehen könnte, und wie die großen Feste ... den Menschen von Jahr zu Jahr mehr der ewigen Sabbatruhe entgegenreifen lassen. *(Edith Stein)*

Der Sabbat ist für den Menschen da und nicht der Mensch für den Sabbat. *(Evangelium des Markus, Kapitel 2)*

Sonntag – Befreiungstag:
Freisein von Arbeit und Zwängen – auf diese Weise, also mit freiem Atem, sich besonders wirkungsvoll der großen Taten Gottes erinnern – der Befreiung aus der Knechtschaft, der Befreiung durch Jesus Christus – und so innerlich frei werden.

Sonntag – Ruhetag:
Zeit zum Feiern und zum Erholen.

Sonntag – Feiertag:
Gemeinsam in festlichem Rahmen das schöpferische, befreiende Wirken Gottes dankbar und angemessen begehen – die Auferstehung Jesu Christi feiern.

Sonntag – Erholungstag:
Abschalten vom Streß der vergangenen Woche, Mut und Kraft bekommen für die neue Woche – auftanken, nachdenken, durchatmen, entspannen – mit Leib und Seele genießen – Freiheit – Lust und Freude.

Die 52 Impulse dieses Buches wollen Anregungen zum geistig-seelisch-körperlichen Auftanken sein.

Sonntag:
Welch eine Chance! Näher zu Gott, zu sich selbst, zu den Mitmenschen, zur Schöpfung. Schönen Sonntag! Und eine gute Woche! *(Uli Heuel)*

Optimistisch nach vorn schauen

So nicht weiter!

Vor mir das neue Jahr – ich habe keinen blassen Schimmer, was kommen wird. Womöglich Leid, große Mühen, Verluste? Na klar, denke ich – mich erwischt es ja doch immer! Die Zukunft erscheint mir zum einen ungewiß, zum anderen bilde ich mir ganz vehement ein, daß sich andauernd dunkle Wolken über mir entladen werden.

All das macht mich nervös, läßt mich ängstlich wie ein aufgescheuchtes Huhn herumrennen. Oder ich stecke den Kopf einfach in den Sand – verdränge mit ganzer Macht die Gedanken an persönliche Schicksalsschläge, an Mord und Totschlag in der Welt, lasse lieber den Sekt und die Luftschlangen von Silvester weiter in meinem Kopf herumschwirren.

Und spüre gleichzeitig: Diese Gedanken sind nun zwar von der Oberfläche weg, aber tief in meiner Seele brodeln sie gefährlich weiter. Je mehr ich sie verdränge und bekämpfe, desto mehr werden sie wachsen und mir zu schaffen machen, werden mich innerlich zerstören – oder auf schlechten Nebenwegen nach draußen finden – oder sich explosionsartig entladen. Und das bekommt weder mir noch meinen Mitmenschen.

So oder so sind da meine Ängste und Befürchtungen, mein Pessimismus. Über die Segenswünsche zum neuen Jahr, die ich erhalten habe, kann ich nur milde lächeln – was die Leute alles wünschen und reden! Ich weiß es besser: Knüppeldick wird's kommen! Auf diese Weise vermassle ich mir selbst einen guten Start ins neue Jahr.

Ich fange neu an!

Bloß nicht wie's Kaninchen auf die Schlange starren – angstvoll, resignierend! Im neuen Jahr werde ich sicher auch viel Schönes erleben – das kann schon das Lächeln eines Mitmenschen sein.

Doch selbst wenn ich mich nicht auf die Schlange, das Dunkle, fixiere – ins Auge fassen will ich es schon! Verdrängen gilt nicht! Da ist Ungewisses, Angst, da werden Schmerzen sein, Schwierigkeiten. Auch wenn ich die dunklen Schatten noch nicht alle klar umrissen erkennen kann, so will ich mir doch klar bewußt sein, daß sie kommen werden und daß ich Ängste habe. Zugleich aber weiß ich: Alles, was kommt, Helles *und* Dunkles, ist eingebettet in eine heilsame göttliche Bewegung, die auf das Ziel hin formt.

Außerdem kann und muß ich schwierige Berge nicht ruckzuck schaffen – Schritt für Schritt nur klappt es. Und mein Stolpern, mein Versagen auf dem Weg zum Guten will ich nicht überbewerten, so ärgerlich es sein mag. Nie darf es mich abhalten, trotzdem und stets aufs neue den Sprung ins Ungewisse, in die Freiheit zu wagen – ja, es muß mich sogar anspornen!

Und immer darf ich auf Gottes liebevolles Nahesein vertrauen. Ich weiß zwar nicht, *was* sein wird. Aber ich weiß, *wer* für mich dasein wird – mein Gott. Ohne Resignation, optimistisch und gelassen sage ich: Es kommt, wie es kommt – doch alles dient mir nach Gottes Willen zum Guten, hat seinen Sinn, auch wenn ich den nicht erfasse; alles endet und wird vollendet im Licht. Das ist gewiß – trotz viel Ungewißheit!

Impulse aus der Bibel

Gott sprach zu Josua: „Mach dich nun auf und zieh in das neue Land, das ich dir gebe! Ich bin bei dir, nie lasse ich dich im Stich. Sei guten Mutes und entschlossen! Bemüh dich, nach meinem Wort zu leben. Dann wirst du bei allem Erfolg haben. Laß dich nicht einschüchtern, verliere nie den Mut! Ich bin bei dir, wohin du auch gehst!" *(Buch Josua, Kapitel 1)*

Jesus ging wie gewohnt am Sabbat in die Synagoge und stand auf, um aus der Heiligen Schrift vorzulesen. Er wählte die Stelle beim Propheten Jesaja: „Ich bin beauftragt, den Armen gute Nachricht zu bringen, den Zerschlagenen und Unterdrückten die Freiheit, den Blinden das Augenlicht. Ich soll das gute Jahr ausrufen, in dem Gott sein Volk rettet." Jesus schloß das Buch und sagte: „Heute geht dieses Wort des Propheten für euch in Erfüllung – eben jetzt, wo ihr es aus meinem Mund hört!" *(Evangelium des Lukas, Kapitel 4)*

Worte der Ermutigung

Optimismus ist die Harmonie zwischen dem Geist des Menschen und dem verheißenen Geist Gottes. ... Mein Optimismus beruht nicht auf Blindheit für das Böse, sondern auf dem frohen Glauben, daß das Gute überwiegt, und auf dem mächtigen Willen, immer mit dem Guten Hand in Hand zu arbeiten. *(Helen Keller)*

Die Hoffnung, die das Risiko scheut, ist keine Hoffnung. ... Hoffen heißt, an das Abenteuer der Liebe glauben, Vertrauen zu den Menschen haben, den Sprung ins Ungewisse tun und sich ganz Gott überlassen. *(Helder Camara)*

Ich sagte zu dem Engel, der an der Pforte des neuen Jahres stand: Gib mir ein Licht, damit ich sicheren Fußes der Ungewißheit entgegengehen kann. Aber er antwortete: Geh nur hin in die Dunkelheit, und leg deine Hand in die Hand Gottes! Das ist besser als ein Licht und sicherer als ein bekannter Weg. *(Aus China)*

Nichts soll dich ängstigen, nichts dich erschrecken. Alles vergeht – Gott, er bleibt derselbe. Wer Gott besitzt, dem kann nichts fehlen. Gott allein genügt. *(Theresia von Avila)*

Was morgen ist
auch wenn es Sorge ist –
ich sage JA.
(Wolfgang Borchert)

Neuanfänge gelingen lassen

So nicht weiter!

Ich spüre, daß sich bei mir manches ändern, daß ich in vielen Bereichen neu anfangen muß: Unnötige Ängste plagen mich, oft fühle ich mich unsicher, benehme mich daneben, bin unzuverlässig, rachsüchtig, die zwischenmenschlichen Beziehungen funktionieren nicht richtig. Ich betäube mich durch Alkohol, Drogen oder übertriebene Geschäftigkeit – zutiefst unbefriedigend!

Aber irgendwie will's trotz guter Vorsätze mit dem Neuanfang nicht klappen. Ich habe Angst, mich überhaupt auf Neuland zu begeben. So unzufrieden ich mit mir auch bin – in dem, was ich kenne, fühle ich mich einigermaßen sicher.

Der Schritt ins Neue hingegen macht Angst – wer weiß, wie es wird und ob ich's wirklich packe! Diese Angst vor dem Neuen, Ungewissen ist größer als die Ängste, die ich loswerden möchte, und hindert mich am Tun.

Vielleicht hindert mich auch weniger meine Angst am Tun als die Tatsache, daß ich das Tun vor lauter Grübeln schlicht und einfach vergesse. Ich hinterfrage mich andauernd, will die Hintergründe meiner verfahrenen Situation exakt kennenlernen, lasse mir auch von anderen beim Hineinschauen in die Seele helfen, kapiere eine Menge, blicke womöglich sogar klar durch – und komme doch nicht richtig vom Fleck. Das Alles-Durchschauen-Wollen, das dauernde Nachdenken ist mir wichtiger als konkretes Handeln.

Ich fange neu an!

Bei mir läuft viel schief, ich muß an meinem Fehlverhalten, meinen belastenden Gefühlen etwas ändern. Dazu ist ein besseres Verständnis meiner Verhaltensweisen, meiner Gefühle sinnvoll. Mindestens ebenso wichtig ist, daß ich versuche, mein Leben Schritt für Schritt tatsächlich zu ändern, zum Neuen, Besseren hin. Bei alldem kann ich mir von anderen, erfahrenen Menschen helfen lassen.

Ursachenforschung bis auf den letzten Grund und in die letzten Kindheitswinkel hinein ist oft weder möglich noch nötig. Ja, für kleinere, eher alltägliche Ängste und Probleme kann sogar die simple Erkenntnis und der feste Wille reichen: Es läuft was falsch, und um dies zu ändern, muß ich selbst konkret das und das tun!

Habe ich beispielsweise eine bestimme Angst, sollte ich dazu stehen und mich fragen, in welchen Situationen sie auftritt. Ich finde leichtere und schwerere Situationen, fange mit der leichtesten an, gehe trotz meiner Angst hinein – anstrengend, doch die Angst wird kleiner. Je mehr ich mich davor drücke, je mehr ich mich dagegenstemme, desto größer ist die Angst.

Aber dann gibt es ja noch die andere Angst, überhaupt Neuland zu betreten. Und da darf ich wagend, zweifelnd vertrauen: Vom ersten, zaghaften Besserungsversuch bis zum Erfolg gilt Gottes guter Plan mit mir. Ich wage den Sprung in die Zukunft, ins Vertrauen – und bin getragen.

Impulse aus der Bibel

Gott sprach zu Abram: „Verlaß deine gewohnte Umgebung und zieh in das Land, das ich dir zeigen werde! Ich werde dich segnen, dir viel Gutes tun, und du sollst anderen Menschen zum Segen werden!" Da brach Abram auf und beschritt den Weg ins neue Land. Er war zu diesem Zeitpunkt fünfundsiebzig Jahre alt. *(1. Buch Mose, Kapitel 12)*

Gott gibt den Müden Kraft, die Schwachen macht er stark. Selbst junge Leute ermüden, die stärksten Menschen fallen und bleiben liegen. Aber die auf Gott vertrauen, bekommen von ihm neue Kraft. Stark wie Adler fliegen sie empor. Sie gehen und ermüden nicht, sie laufen und brechen nicht zusammen. Fürchte dich nicht! Ich, dein Gott, bin bei dir! Hab keine Angst!
Ich mache dich stark, ich helfe dir, ich halte dich, ich bin dein Befreier! In reißenden Strömen wirst du nicht ertrinken, in Feuerflammen unversehrt bleiben! Hört mir zu: Von Mutterleib an trage ich euch, ich bleibe derselbe und trage euch bis ins Alter, bis ihr grau werdet. Ich habe es bisher getan, und ich werde es weiterhin tun. Bis in alle Zukunft will ich euch tragen, erheben, befreien! *(Prophet Jesaja, Kapitel 40, 41, 43, 46)*

Worte der Ermutigung

Wenn dein Bogen zerbrochen ist und du hast keine Pfeile mehr, dann schieß! Schieß mit deinem ganzen Sein! *(Aus dem Zen-Buddhismus)*

Jede Krise ist eine Gnade, weil sie die Möglichkeit eines Neuanfangs in sich birgt. *(Katharina Tobien)*

Das Neue wird immer im Schmerz geboren. *(Graham Greene)*

Ich sitze am Straßenrand. Der Fahrer wechselt das Rad. Ich bin nicht gern, wo ich herkomme. Ich bin nicht gern, wo ich hinfahre. Warum sehe ich den Radwechsel in Ungeduld? *(Bertolt Brecht)*

Auch der längste Weg beginnt mit dem ersten Schritt. *(Chinesisches Sprichwort)*

Durch Zweifel mich weiterentwickeln

So nicht weiter!

Zweifel? Da pendle ich zwischen verschiedenen Positionen, die mir alle irgendwie nicht bekommen. Meist kenne ich keine Zweifel, sondern lebe satt und selbstzufrieden in gutbürgerlicher Kulisse. Die zwischenmenschlichen Beziehungen plätschern so dahin, ohne große Höhen und Tiefen. Selbstzweifel habe ich nicht. Der liebe Gott ist mein Kumpel besonders in schwierigen Situationen.

Glaubensinhalte sind mir dermaßen geläufig, daß ich sie sogar im Schlaf nachplappern kann. Groß nachdenken tue ich nicht über Gott und die Welt – es läuft ja alles wie geschmiert! Doch ab und zu – gerade in Augenblicken, wenn es ganz glatt und wie geschmiert läuft – frage ich mich: Bekommt mir das eigentlich? Im Prinzip trete ich ja auf der Stelle und lebe gedankenlos in den Tag hinein!

Manchmal wiederum spüre ich zwar Zweifel, halte sie dann aber für zutiefst verwerflich und verdränge sie schleunigst – mit ungesunden Folgen, denn in mir nagen sie weiter. Und außerdem verbleibe ich dadurch in der Erstarrung, in der Scheuklappen-Idylle.

Es gibt allerdings auch Zeiten, wo es genau umgekehrt läuft – daß ich mich nämlich in Zweifeln geradezu suhle. Ich stelle alles und jedes in Frage, stochere liebend gern überall herum, teils aus bösartiger Lust, teils aus ungesundem Mißtrauen.

Doch irgendwie dämmert mir: Das bringt mich nicht weiter! Im Gegenteil – zuviel Zweifel und dabei ein Riesenmangel an Vertrauen und Feingefühl zieht mich immer tiefer in einen dunklen Abgrund, bis aus dem Zweifel Verzweiflung wird.

Ich fange neu an!

Ich bin dankbar für meine gesunden Zweifel. Sie sind Ausdruck meiner Lebendigkeit, meines Suchens nach mehr Licht. Ohne es zu übertreiben, zweifle ich öfter an mir, an meinem Denken und Handeln – zweifle an den Beziehungen zu geliebten oder befreundeten Menschen – zweifle überhaupt an Menschen, Gott und Welt. Ja, auch am Gott der Liebe – zum Beispiel, wenn ich mit qualvoll Sterbenden konfrontiert werde oder am Fernseher Bilder von einer Erdbebenkatastrophe sehe, die unzählige Menschenleben ausgelöscht hat.

Ich stehe offen und ehrlich zu meinen bohrenden Fragen. Selbst die zunächst gefundenen Antworten klopfe ich wieder auf ihren Wahrheitsgehalt ab. Mein Zweifeln, mein Suchen ist ein Reinigungsprozeß, Feuer, schmerzhafte Flammen; doch sie brennen meine alte Haut, die alten Verkrustungen, das alte Denken, meine Naivität weg. Neu, mündiger erhebe ich mich aus der Asche. Diese Art Zweifel ist produktiv, ein sinnvoller Arbeits- und Lernprozeß, Geburtswehen.

Und: In aller Nacht, allem Schmerz des Zweifels finden sich goldene Lichtspuren von Gottes Nähe. Gott ist bei mir in meinen Zweifeln, trägt mich hindurch, überwältigt mich sanft durch seine Liebe, befreit mich zur tieferen Erkenntnis.

In seiner Hand bin ich mit meinen Zweifeln gut aufgehoben. Es wird immer heller, bis ich auf einer höheren Ebene bin, wissender, der Wahrheit, der vollkommenen Klarheit näher.

Impulse aus der Bibel

Jetzt ist uns vieles rätselhaft, sehen wir nur ein unklares Bild wie in einem trüben Spiegel. Einmal aber werden wir Gott sehen, wie er ist. Jetzt erkennen wir nur Bruchstücke, doch einmal werden wir alles klar erkennen. *(1. Brief des Paulus an die Korinther, Kapitel 13)*

Vor seinem Leiden und Sterben sagte Jesus zu seinen Jüngern: „Wenn eine Frau ein Kind bekommt, hat sie Schmerzen; aber wenn das Kind geboren ist, freut sie sich nur noch über das Neugeborene. Auch ihr seid jetzt betrübt, aber am Tage unseres Wiedersehens werden alle eure Fragen beantwortet sein!"
Am Abend des ersten Wochentags, nach seiner Auferstehung, erschien Jesus den Jüngern als der Lebendige. Thomas war nicht anwesend und sagte: „Wenn ich in seinen Händen nicht die Male der Kreuzigungsnägel sehe, glaube ich es nicht!"
Acht Tage später stand Jesus plötzlich wieder unter ihnen, obwohl die Türen verriegelt waren. Thomas war dabei – und Jesus sagte zu ihm: „Leg deinen Finger in meine durchbohrten Hände! Zweifle nicht länger, glaube!" Thomas, überwältigt, antwortete nur: „Du mein Herr, du mein Gott!" *(Evangelium des Johannes, Kapitel 16 und 20)*

Worte der Ermutigung

Würde nicht Nähe zur Ferne,
Letztes von Zweifeln erreicht,
wäre der Weg, den ich lerne,
vordergründig und leicht.
(Detlev Block)

Zu Rabbi Menachim Mendel von Kozk kam ein von
schlimmen Gedanken Geplagter. „Was sind das für Gedanken?" fragte der Rabbi. „Manchmal frage ich mich, ob es
überhaupt keinen Gott gibt!" – „Und wenn es so wäre?" –
„Dann, Rabbi, ist unser Leben sinnlos und unser Dasein
bedeutungslos!" – „Wenn das der Schluß ist, zu dem du
kommst", sagte da Rabbi Mendel nur, „dann fahre ruhig fort
mit dem Nachdenken!" *(Jüdisch-chassidische Erzählung)*

Später wurde mir ... bewußt, daß es die Weisheit Seiner
Führung war, die mich schon so jung den Zweifel kennen
lehrte, damit mein Glaube um so stärker werde. *(Wilhelmina
von Oranien-Nassau)*

Zweifel oder Anklagen gegen Gott soll man nicht möglichst
rasch zu beschwichtigen oder berichtigen versuchen, vielmehr
die Antwort reifen beziehungsweise von Gott empfangen
lassen. *(Veronika Gröhe)*

Wenn du nicht mehr an den Gott glauben kannst, an den du
früher geglaubt hast, so rührt das daher, daß in deinem
Glauben etwas verkehrt war, und du mußt dich besser bemühen zu begreifen, was du Gott nennst. *(Leo Tolstoi)*

Gnädiger mit mir und anderen umgehen

So nicht weiter!

Liebevolle Zuwendung, aus freien Stücken – das meint Gnade, gnädig sein. Ich aber bin oft ungnädig zu mir und anderen, hart, unerbittlich. Im Blick auf mich selbst etwa: Ich entwickle ein übertriebenes Schuldbewußtsein, verbeiße mich voll in Selbstvorwürfe, in meine Fehler. Ich habe zwar was falsch gemacht, aber muß ich deswegen meine Schuld unangemessen aufblähen?

Oder ich halte fälschlich für meine Sünde, was überhaupt keine ist. Längst nicht jeder Zweifel ist ein Verstoß gegen den Glauben. Längst nicht jedes seelische Tief ist ein Verstoß gegen die Hoffnung. Längst nicht jedes eigennützige Handeln ist ein Verstoß gegen die Liebe.

Im Gegenteil, auch wenn es sich seltsam anhört: Nicht eine gesunde Eigenliebe ist Sünde, sondern Sünde, Lieblosigkeit mir selbst gegenüber ist, wo ich eine gesunde Eigenliebe fälschlich für sündhaft halte. Wie oft also gehe ich zu streng, zu hart, zu unversöhnlich mit mir um – und mit anderen, wenn ich etwa auf deren Fehler so reagiere: „Das werde ich dir nie verzeihen!"

Es kann mir aber auch passieren, daß ich gar keinen scharfen Blick mehr für eigene Fehler habe – die Bösen sind immer die anderen. Überheblich, ungnädig werfe ich mit Steinen auf andere und merke nicht, daß ich selbst im Glashaus sitze. Ich meide den unbequemen, aber äußerst heilsamen Weg – ich gehe nicht in mich selbst.

Ich fange neu an!

Im Prinzip bin ich nicht besser als andere. Auch mir passieren Fehler, Lieblosigkeiten, Sünden, oft genug bin ich an Konflikten zumindest mitbeteiligt. Dieses Wissen macht mich anderen gegenüber gnädiger, verständnisvoller, die trennende Mauer wird niedriger. Und ich suche, frei von übertriebenen oder falschen Schuldzuweisungen, nach sinnvollen Lösungen. Was freilich nicht ausschließt, schlimmes Verhalten anderer und meine Verletztheit klar zu benennen.

Außerdem: Gott gibt mir die Chance, loszukommen von den Folgen eigener Lieblosigkeit – von meiner Schuld, die mich von Gott trennt. Gott sagt nicht: „Halb so schlimm!", sondern: „Es *ist* schlimm, doch ich befreie dich – und dann *war* es schlimm!"

Wenn ich so Gottes vergebende Gnade erfahre, hat das Folgen: Hinsichtlich eigener Fehler gehe ich mit mir gnädiger, freundlicher um – wie Gott mit mir. Ich verharmlose Fehler nicht, fixiere mich aber auch nicht krankhaft auf sie. Und freue mich über die Chance der Befreiung. Verletzungen durch andere bagatellisiere ich ebenfalls nicht, ich kann sie vielleicht nie vergessen.

Doch aus der göttlichen Liebe heraus, in der ich stehe, überspringe ich die schon erniedrigte trennende Mauer um so leichter – durch ein unaufdringliches gutes Wort, durch eine unspektakuläre liebevolle Geste. Mögen muß ich den anderen nicht unbedingt, aber vieles ist drin: offene Begegnung, Versöhnung, vielleicht sogar tiefere Beziehung. Das ist meine Vergebung. Und: Meine *falschen* Schuldgefühle lasse ich los!

Impulse aus der Bibel

Darin sind alle Menschen gleich: Jeder Mensch ist Sünder und
hat nichts aufzuweisen, was Gott gefallen könnte. Aber Gott
hat Erbarmen und nimmt die Sünder wieder an – ein reines
Geschenk. Durch Jesus Christus vergibt er uns, befreit uns aus
der Dunkelheit unserer Schuld. *(Brief des Paulus an die
Römer, Kapitel 3)*

Petrus fragte Jesus: „Wie oft muß ich dem vergeben, der mir
Unrecht tut?" Jesus sagte: „Es gibt keine Grenze, du mußt
immer wieder vergeben!" Und erzählte ein Gleichnis: „Ein
Verwalter schuldete seinem König einen Millionenbetrag.
Deshalb wollte der König ihn und seinen gesamten Besitz
verkaufen lassen, um wenigstens einen Teil des Geldes zu
bekommen. Doch der Mann flehte: ‚Hab noch Geduld!' Da gab
ihn der König aus Mitleid frei und erließ ihm sogar die Schuld.
Kaum war der Mann frei, ging er zu einem Mitarbeiter, der ihm
einen kleinen Betrag schuldete, packte ihn und schrie: ‚Bezahl
deine Schulden!' Da bettelte der Arbeiter um Geduld. Aber der
Verwalter ließ ihn ins Gefängnis bringen, bis er alles bezahlt
hätte.
Als das der König hörte, sagte er zum Verwalter: ‚Was bist du
für ein hartherziger Mensch? Deine ganze Schuld habe ich dir
erlassen – hättest du da nicht auch mit deinem Mitarbeiter
Erbarmen haben können? Und er befahl, den Verwalter fest-
zusetzen, bis er alle Schulden bezahlt hätte." *(Evangelium des
Matthäus, Kapitel 18)*

Worte der Ermutigung

Wenn du in allen Dingen nach deinem Können das Beste tust, muß deine Menschlichkeit oft straucheln; dann verlaß dich auf Gottes Güte. *(Hardewijch van Antwerpen)*

Unser Umfallen ist beschämend. ... Doch in alledem verläßt uns der warme Blick des Mitleids und der Liebe nie, noch hört das Werk der Barmherzigkeit je auf. ... Ebenso wie Gott in seiner Gnade unsere Sünden sogleich vergißt, wenn wir sie bereuen, so will er, daß wir unsere Sünden und unsere Trübsal und unsere kleingläubige Furcht vergessen sollen. *(Juliana von Norwich)*

Ein Fehler, den man mit einem anderen teilt, verbindet tiefer als ein gemeinsamer Vorzug. *(Hermann Bahr)*

Rabbi David von Tolna pflegte zu sagen: „Diejenigen, die immer nur andere tadeln und jeden außer sich zurechtweisen, kommen mir vor wie ein Wasser, das zwar den Schmutz hinwegspült, doch selbst dabei trübe wird." *(Aus dem chassidischen Judentum)*

Zorn auch im Gebet äußern. ... So kommt Gott auch in solche Gefühle herein, und wir können echt vergeben, statt bloß zu verdrängen. *(Katharina Tobien)*

Mit Gott im Gespräch sein

So nicht weiter!

Beten finde ich ziemlich naiv, kurios – ist das nicht eher was für Kinder oder für strenge Kirchgänger, die Gebete gern, aber gedankenlos plappern? Außerdem: Findet Beten wirklich ein Ohr – oder verhallt es ungehört im Weltenraum? Denn zugegeben: Manchmal habe ich in Notsituationen ja gebetet – weil Not beten lehrt –, doch das war meist umsonst! Es ist nicht so gekommen wie gewünscht! Außerdem habe ich beim Beten gar nicht recht gewußt, was ich sagen sollte.

Wäre es da nicht besser, eine Art meditatives Selbstgespräch zu führen, um mich nur aus eigener Erkenntnis und Kraft zu entwickeln? Hilf dir selbst – Gott braucht dir nicht zu helfen! Wenn ich traurig bin, in Verstrickungen gefangen bin, spreche ich darüber nicht mit Gott, sondern arbeite an mir. Ich versuche, es zu bewältigen, mich selbst zu verwirklichen. Beten ist mir irgendwie zu passiv.

Andererseits: Richtig zufrieden macht mich das nicht. Tief in mir verspüre ich das Bedürfnis, meine Herzensangelegenheiten einer höheren Wirklichkeit gegenüber auszudrücken, mich mit meinen Freuden und Leiden sozusagen über Raum und Zeit zu erheben und nicht nur in menschlichen Begrenzungen verhaftet zu sein. Und ich merke, daß ohne Gebet meine Beziehung zu Gott nicht funktioniert – ohne Reden mit ihm kommt er mir aus den Augen, aus dem Sinn. Und damit fehlt mir dann doch eine Menge.

Ich fange neu an!

Beten gehört zum lebendigen Kontakt zwischen Gott und mir. Gott eröffnet das Gespräch, indem er mich in der Stille oder in Alltagsgeschehnissen sozusagen „wortlos" anspricht. Ich kann mich durch das Gebet am Gespräch beteiligen, mich an Gott wenden: In Worten, laut gesprochenen oder nur „gedachten", überlieferten oder spontan formulierten – manches muß ich einfach mit Worten ausdrücken. Singen macht Beten intensiver, weil es meine tieferen Schichten zum Schwingen bringt. Aber es geht auch ohne Worte; beziehungsweise, wenn ich keine Worte finde – indem ich mich einfach zu Gott hin offenhalte.

Ich kann im Gebet Gott loben um seiner selbst, seiner Größe willen. Mit diesem reinsten, vornehmsten Gotteslob stimme ich ein in den Gesang, den die Schöpfung aus innerer Harmonie heraus unentwegt erklingen läßt. Oder ich lobe und danke Gott, weil ich mich durch ihn beschenkt, befreit fühle. Ich lobe Gott leise im Leid, das mich reifen läßt.

Und ich bitte – rufe vertrauensvoll in meiner Not, solidarisch mit dem Seufzen der ganzen Schöpfung. Gott erfüllt meine redlichen Bitten – nicht immer wie gewünscht, aber letztlich immer zum Guten. Und: Ich darf mit Gott auch hadern, falls mir der Sinn danach steht.

Gott wendet sich mir ständig von ganzem Herzen zu. Wenn ich darauf ständig von ganzem Herzen im Gebet reagiere, wächst eine lebendige gegenseitige Beziehung voll wachem Interesse. Sie macht mich menschlicher, göttlicher, tatkräftiger, glücklicher.

Impulse aus der Bibel

Die ganze Schöpfung liegt in schmerzhaften Wehen auf ihre neue Geburt hin. Aber auch wir selbst, denen Gott als Anfang des neuen Lebens schon den Heiligen Geist geschenkt hat, seufzen und sehnen uns zutiefst in unserem Inneren nach der Erlösung unseres Leibes.
Der Heilige Geist hilft uns dabei in unserer Schwachheit. Denn wir wissen nicht einmal, wie wir in rechter Weise beten sollen. Der Heilige Geist aber tritt für uns ein mit unaussprechlichem Seufzen. Und Gott, der die Herzen erforscht, weiß, was der Heilige Geist für uns betet. Denn er vertritt uns so im Gebet, wie es Gott gefällt. Wir wissen aber, daß denen, die Gott lieben, alle Dinge zum Besten dienen. *(Brief des Paulus an die Römer, Kapitel 8)*

Nach dem letzten Abendmahl ging Jesus mit seinen Jüngern in einen Garten, der Gethsemane hieß. Angst und Zittern überfielen Jesus, und er sagte: „Meine Seele ist zu Tode betrübt!" Und er warf sich zur Erde nieder und betete: „Mein Vater, wenn es möglich ist, laß diesen Leidenskelch an mir vorübergehen! Doch nicht mein, sondern dein Wille geschehe!" *(Evangelium des Matthäus, Kapitel 26)*

Worte der Ermutigung

Das Wesen des Gebets besteht in der Aufmerksamkeit.
(Simone Weil)

Wieder stand der Jude mitten in der Nacht an dem offenen Fenster. Wieder schaute er regungslos ins Dunkel und war versunken bei den Dingen des Lebens. Er erwartete nichts und war doch In-Erwarten. Offenen Herzens war er bei den Geheimnissen. Da kam ihm die Wortreihe des Psalmes in den Sinn, die er langsam vor sich hinsprach, leise ... : Zu. dir. redet. mein. Herz. nach. dir. sehnt. sich. mein. Gesicht. *(Martin Buber)*

Um das Herz gezielt auf etwas auszurichten, bedarf es nicht nur eines ehrlichen Wollens, sondern auch einer festen Entschlossenheit. ... Disziplin schärft unser Wahrnehmungsvermögen für die leise, sanfte Stimme Gottes ... Den innersten Kern allen Betens stellt dieses Hören dar, dieses gehorsame Stehen in der Gegenwart Gottes. *(Henri Nouwen)*

Es kann hilfreich sein, immer wieder mal den Tag über sich zu sammeln und eine Minute lang einfach Gott gegenüber zu sein, ohne viel zu reden ... in seiner Gegenwart da zu sein. Und zuletzt kommt es darauf an, ohne die Gegenwart Gottes loszulassen, wieder mitten in der Arbeit zu sein. *(Jörg Zink)*

Die Worte, die wir zu Gott sagen, sie können leise und arm und schüchtern sein. Wenn sie nur von Herzen kommen. Und wenn sie nur der Geist Gottes mitbetet. Dann hört sie Gott. ... Dann wird er die Worte in seinem Herzen aufbewahren, weil man die Worte der Liebe nicht vergessen kann. *(Karl Rahner)*

Frei und verantwortlich leben

So nicht weiter!

Ich tue, was mir gefällt – ich bin frei, zu tun und zu lassen, was ich will! Freiheit bedeutet für mich, konsequent meine Bedürfnisse zu befriedigen – Spaß pur – ich pfeife auf alle Normen!
Mein Problem: Wenn ich mich so austobe, frage ich mich manchmal, ob eigentlich ich es bin, der sich noch im Griff hat – ob ich noch ich selbst bin – oder ob ich von meinen Leidenschaften, Trieben, Gefühlen beherrscht werde. Es geht dabei wirklich nur um das Beherrscht-Werden, das Ausgeliefertsein – nicht darum, daß ich diese Bedürfnisse an sich für schlecht halte – das sind sie sicher nicht! Ich darf sie auch nicht unterdrücken – das wäre gefährlich – sie haben ihren Platz und ich muß sie zulassen, ausleben – nur wie?
Manchmal jedenfalls meine ich, daß ich es damit übertreibe. Je mehr ich mich austobe, desto mehr geht das auf Kosten anderer und schlägt mir selbst auf Körper und Gemüt, macht mich innerlich leerer. Je mehr Freiheiten ich für mich ausfindig mache, desto orientierungsloser, ruheloser werde ich.
Kurzum: Je mehr Freiheiten ich finde und hemmungslos auslebe, desto unfreier bin ich. Und ich sehe andere, die vor lauter Freiheit inzwischen schon auf die Freiheit pfeifen und nach dem starken Mann rufen. Das alles ist nicht in Ordnung! Mein Umgang mit der Freiheit, mit mir selbst, läßt zu wünschen übrig!

Ich fange neu an!

Meine Freiheit hat nichts mit Beliebigkeit, mit Willkür zu tun. Sie ist auf zweifache Weise eine Freiheit von etwas – erstens von innerer Versklavung, von der Verstrickung in Schuld. Diese Freiheit erhalte ich geschenkt, wenn ich mich in Glaube, Hoffnung und Liebe auf Gott einlasse, auf Jesus. Ich werde zu mir selbst hin befreit, zu dem Menschen, der ich eigentlich sein soll. Aus der Enge meines inneren Gefängnisses komme ich in die Weite.

Zweitens geht es um mein Bemühen, frei zu sein von Egoismus, grenzenloser Gier, vom Leben auf Kosten anderer Menschen und der Schöpfung, von einem Leben letztlich auch zu Lasten meiner selbst. Essen, materieller Besitz, Sexualität – an sich gut – werden zum Fluch, wenn ich sie überbewerte. Also: Freiheit in Verantwortung, innerhalb der Ordnung der Liebe – Freiheit, die sich an Gottes Weisungen hält.

Dies bedeutet aber, daß meine Freiheit nicht nur Freiheit von, sondern zugleich für etwas ist – für das Gute, zur Ehre Gottes, zum Nutzen der Menschen, der Schöpfung.

Ziele sind: keine Gewalt anwenden; Rücksichtnahme auf Bedürfnisse und Gefühle anderer Menschen; Fremde, Minderheiten, Ausgestoßene ganz normal und liebevoll behandeln; Frieden und Gerechtigkeit fördern; Tiere und Umwelt schützen; Solidarität; Einsatz für politisch-gesellschaftliche, weltanschauliche und persönliche Freiheit. Echte Freiheit ist unbequem, aber ein lohnendes Risiko: Lieben – und darin frei tun, was und soviel ich will.

Impulse aus der Bibel

Zur Freiheit hat uns Christus befreit. Laßt euch deshalb nicht
wieder versklaven! Ihr seid zur Freiheit berufen! Das heißt aber
nicht, daß ihr jetzt selbstsüchtig und lieblos tun könnt, was ihr
wollt! Statt dessen sollt ihr liebevoll aufeinander Rücksicht
nehmen. Gebt ihr dagegen eurer Selbstsucht nach, führt das zu
hemmungsloser Zügellosigkeit, abergläubischem Vertrauen in
übersinnliche Kräfte, übermäßiger Eifersucht, Intrigen.
In der Kraft des Heiligen Geistes aber wachst ihr im Guten, in
Liebe, Freude, Frieden, Geduld, Freundlichkeit, Güte, Treue,
Besonnenheit, Selbstbeherrschung. Helft anderen bei ihren
Problemen, tragt die Lasten gemeinsam. Werdet nicht müde,
das Gute zu tun! *(Brief des Paulus an die Galater, Kapitel 5
und 6)*

Handelt als freie Menschen! Doch mißbraucht eure Freiheit
nicht, indem ihr sie als Freibrief nehmt für falsches, zügelloses
Verhalten. Ihr seid frei, um in allem nach Gottes Willen zu
leben. *(1. Brief des Petrus, Kapitel 2)*

Worte der Ermutigung

Freiheit Wort
das ich aufrauhen will
ich will dich mit Glassplittern spicken
daß man dich schwer auf die Zunge nimmt
und daß du niemandes Ball bist
(Hilde Domin)

Ich möchte, daß Du das verstehst, was ich gewollt habe: die Rühmung und Anbetung Gottes vermehren; helfen, daß die Menschen nach Gottes Ordnung und in Gottes Freiheit leben und Menschen sein können. Nur der Anbetende, der Liebende, der nach Gottes Ordnung Lebende ist Mensch und ist frei und ist lebensfähig. *(Alfred Delp)*

Für den Christen gibt es die frei machende, gelöste Gelassenheit dessen, der vom Überfluß der göttlichen Gerechtigkeit lebt, die Jesus Christus heißt. ... Von da geht eine tiefe Freiheit aus. ... Aber gleichzeitig weiß doch der Christ darum, daß er nicht ins Beliebige entlassen ist, daß sein Tun nicht Spielerei ist, ... daß er als Verwalter von Anvertrautem Rechenschaft schuldig ist. *(Joseph Ratzinger)*

Verantwortung. ... Wir sollten uns für die Not jenseits des Kirchturms stärker interessieren. Das muß nicht die Armut der Dritten Welt sein, das können auch Asylanten oder Aussiedler oder einfach einsame Menschen sein. *(Ruth Pfau)*

Es hat schon manch einer die Beine auf den Tisch gelegt und gemeint, das sei nun Freiheit. *(Werner Mitsch)*

Selbstachtung bekommen

So nicht weiter!

Ich lebe nach der Devise der Wohlstandsgesellschaft: „Hast du was, dann bist du was!" Atemlos beteilige ich mich an der Jagd nach mehr Geld, größerem Auto, luxuriöserem Haus, Karriere. Und vergleiche mich dabei wie besessen mit anderen, will mehr als sie sein und haben. Möchte anderen imponieren, suche Bewunderung, Anerkennung. All das soll mir meinen an sich berechtigten Wunsch erfüllen: mit mir selbst zufrieden zu sein, mich selbst zu achten.

Aber zufrieden bin ich doch nicht. Da ist dieses ungute Gefühl, mir würde etwas vorenthalten – sonst wäre ich ja nicht dauernd auf Jagd nach mehr. Und wenn ich tatsächlich äußerlich Erfolg habe, Anerkennung finde – die Freude darüber vergeht, die innere Leere bleibt.

Außerdem: Jeder erfüllte Wunsch gebiert gleich den nächsten Wunsch nach noch mehr. Und ich gebe anderen Macht über mich, indem ich mich von ihrer Anerkennung abhängig mache, alles für andere tue, nur um anerkannt zu werden. Doch zugleich kann ich das Gefühl haben, die Anerkennung eigentlich gar nicht zu verdienen.

Und was bringt es, mich mit anderen zu vergleichen, sie zum Maßstab meiner Bedürfnisse zu machen? Oder mein Verhalten an ihren Erwartungen auszurichten? Oder etwas einzig zwecks Imponierens zu tun? So jedenfalls finde ich keine Selbstachtung – bin vielmehr mißmutig, überängstlich, unausgefüllt, traurig, flüchte mich in Betäubungen, lasse in meinen Leistungen nach.

Ich fange neu an!

Selbstachtung kommt nicht durch Reichtum oder Belobigungen, sondern indem ich ganz ich selbst werde. Erster Schritt: Selbsterfahrung, Selbsterkenntnis. Ich kann Gottes Geist der Weisheit, der tiefen Einsicht um Hilfe bitten. Ich schaue dann hinter meine Masken, blicke meinen Ängsten, Aggressionen, Gefühlen, Bedürfnissen, Stärken, Schwächen direkt und ruhig ins Gesicht – mag es teils auch schwerfallen. Und ich lasse alles zu, Wut, Freude; ich nehme mich bewußt an.

Ich werde mir auch notwendiger Korrekturen bewußt – etwa übertriebene Ängste oder alte und falsche Schuldgefühle dranzugeben; mich innerlich endlich von den Eltern zu lösen und, wenn nötig, mit ihnen auszusöhnen; verbliebene kindliche Unsicherheit nicht zu unterdrücken, sondern sinnvoll ins reife Erwachsensein einzubringen.

So entwickle ich Selbstbewußtsein, Selbstvertrauen, Selbstsicherheit – gehe den eigenen Weg, unabhängig von Erwartungen anderer. Und ich entwickle Mut zu Selbstbestimmung und Selbstverantwortlichkeit. Das mündet in aktive, hingebungsvolle Selbstentfaltung. Mit weitem Herzen will ich Gutes erreichen, gerade auch für andere.

Mein neues Denken und Verhalten führen letztlich zur Selbstachtung. Ihr Ausmaß wechselt ständig, je nach meinen Ansprüchen und Erfolgen. Sind sie niedrig, achte ich mich weniger. Hohe und erfüllte Ansprüche bewirken große Selbstachtung. Unerfüllbar hohe Ansprüche lohnen nicht. Und: Selbstachtung ist weder Aufgeblasenheit noch Selbstanbetung.

Impulse aus der Bibel

Weisheitssprüche des Königs Salomo. Sie helfen dir, dich im
Leben zurechtzufinden. Du lernst Einsicht, Aufrichtigkeit und
Ehrlichkeit und behandelst andere gerecht. Der Unerfahrene
entwickelt ein Gespür für sinnvolle Entscheidungen, auch der
Geübte lernt hinzu. Die Weisheit ruft: Wann werdet ihr end-
lich reif und erwachsen? Jeder Erkenntnis verschließt ihr euch!
Dann müßt ihr auch die Folgen tragen!
Ringe also um Verstand und Urteilskraft, suche nach Weisheit
wie nach vergrabenen Schätzen! Gott allein schenkt Weisheit,
den Ehrlichen und Offenen hilft er, Aufrichtigen verleiht er
Glück. Weisheit gibt ein erfülltes Leben. Du gehst sicher auf
gutem Weg, schläfst ruhig und tief. Wenn du anderen helfen
kannst, wirst du es tun. Erwirb Erkenntnis und Urteilskraft!
Dann leuchtet es heller und heller um dich. Überleg sorgfältig,
was du tun willst – und dann handle entschlossen, ohne nach
rechts oder links zu schauen! *(Sprüche Salomos, Kapitel 1, 2,
3, 4)*

Du sollst zwar nicht selbstherrlich sein, auf jeden Fall aber
Selbstachtung haben! Achte und ehre dich selbst in dem Maß,
wie du es verdienst! Wer soll einen Menschen achten, der sich
selbst nicht achtet? *(Jesus Sirach, Kapitel 10)*

Worte der Ermutigung

Du sollst der werden, der du bist. *(Friedrich Nietzsche)*

Eines der größten Hindernisse auf dem Weg, selbstbewußt und stark zu werden, ist der ständige Vergleich mit anderen. ... Wenn ich aus dem, was andere von mir halten, mehr Selbstbewußtsein gewinne als aus dem, was Gott über mich denkt, dann ist das Götzendienst. *(Ingrid Trobisch)*

Wer sich an andre hält, dem wankt die Welt. Wer auf sich selber ruht, steht gut. *(Paul von Heyse)*

Wenn es einen Glauben gibt, der Berge versetzen kann, so ist es der Glaube an die eigene Kraft. *(Marie von Ebner-Eschenbach)*

So wie der Mensch sich selber hochachtet, achtet er seine Natur in jedem anderen Menschen hoch. Selbstachtung ist also das wahre Mittel, die Menschheit zu vereinigen. *(Johann Heinrich Pestalozzi)*

Starkes Selbstwertgefühl entwickeln

So nicht weiter!

Andere haben dauernd Glück – doch ich bin vom Pech verfolgt! In der Fernsehreklame sehe ich attraktive, unbeschwerte Leute – doch ich habe körperliche und seelische Beschwerden, hänge in den Seilen! Und in meinem Kopf geistern noch Sätze von früher herum: „Was soll aus dir bloß werden? Dauernd machst du Fehler!" Das hinterläßt ein Gefühl der Wertlosigkeit.

Manchmal setze ich dieses Gefühl auch ein, um mehr Zuneigung zu bekommen. Ich bringe anderen gegenüber zum Ausdruck, wie erbärmlich ich dran bin – und erhalte prompt die gewünschten Streicheleinheiten. Doch dann frage ich mich: Ist das wirklich eine sinnvolle Art, Zuwendung zu erfahren? Und außerdem: Letztlich steckt hinter meinem Wunsch nach Streicheleinheiten die Idee, mich dadurch wertvoller zu fühlen.

Aber das ist Unfug: Die Zuwendung anderer kann mir kein Selbstwertgefühl geben. Ebensowenig bekomme ich es, wenn ich tatsächlich all das hätte, was ich für so erstrebenswert halte: Schönheit, Fitneß, Reichtum, Riesentalente.

Kurzum: Ohne Attraktivität oder bei Versagen und Ablehnung fühle ich mich wertlos. Doch auch das Gegenteil – also Schönheit, Fitneß, Bildung, große Leistungen oder Zuneigung durch andere – beläßt mich letztendlich im Gefühl der Wertlosigkeit.

Ich fange neu an!

Für mein Selbstwertgefühl muß ich zunächst meinen Wert sehen. Und der ergibt sich nie und nimmer aus menschlichem Tun, sondern einzig daraus: Gott hat mich nach seinem Bild erschaffen, zur Freiheit berufen, mir unverlierbare menschliche Würde geschenkt. Beständig habe ich einen unermeßlich hohen, einen unveränderlich hohen Wert.

Ich habe ihn wie jeder andere Mensch auch – und bin zugleich wie jeder andere Mensch einmalig. Gott hat mich außerdem nicht nur in meiner Würde wunderbar erschaffen, sondern durch Jesus, den Befreier, noch wunderbarer erneuert – das ist ein ganz spezieller Wert für mich als glaubenden Menschen.

Allerdings: Mein Selbstwertgefühl schwankt. Der hohe Wert an sich bleibt unverändert, aber ich fühle ihn nicht immer gleich stark. Je mehr ich mir meines Gottes, seiner Liebe bewußt bin, desto stärker auch meines Wertes, desto ausgeprägter ist mein Selbstwertgefühl. Je mehr ich mich von Gott entferne, je mehr ich nur noch um Äußerlichkeiten kreise, sie zum Ersatzgott mache, durch sie mein Selbstwertgefühl erhalten will, desto ferner bin ich diesem Gefühl.

Besitz, Attraktivität, Eigenleistung, Zuneigung anderer – das taugt nicht als Quelle menschlichen Wertes und Selbstwertgefühls. Gottes Liebe allein ist Quelle meines Wertes und darüber des Gefühls, wertvoll zu sein. Ich bin unendlich wichtig für Gott – ich bin wer – ohne eigenes Zutun! Dieses Gefühl ermutigt mich, Wertvolles zu leisten.

Impulse aus der Bibel

Ich bestaune den Himmel, das Werk deiner schöpferischen
Hände, sehe den Mond und die Sterne – wie klein ist dagegen
der Mensch! Und doch: Du, Gott, beachtest ihn, kümmerst
dich um diesen Winzling. Ja, du hast ihm Größe verliehen, ihn
mit höchster Würde bekleidet. Es fehlt nicht viel, und er wäre
wie du! *(Psalm 8)*

Wir beten für euch, daß ihr Gottes Willen erkennt und der Hei-
lige Geist euch mit Weisheit und Einsicht erfüllt. Ihr sollt Gottes Kraft an euch erfahren und habt allen Grund, Gott voll
Freude zu danken. Er hat euch befähigt, mit allen Heiligen teil-
zuhaben an seinem Reich des Lichts. Er hat uns aus der Gewalt
dunkler Mächte befreit und in das Reich seines geliebten
Sohnes aufgenommen.
Durch ihn haben wir die Erlösung, die Vergebung der Sünden.
Gott wollte durch ihn alles wieder mit sich versöhnen und
Frieden bringen – so daß ihr nun als reine, heilige Menschen
vor Gott steht. *(Brief des Paulus an die Kolosser, Kapitel 1)*

Worte der Ermutigung

Mensch, alles außer dir, das gibt dir keinen Wert. Das Kleid macht keinen Mann, der Sattel macht kein Pferd. *(Angelus Silesius)*

Ich wurde nicht gefragt
bei meiner zeugung
und die mich zeugten
wurden auch nicht gefragt
bei ihrer zeugung
niemand wurde gefragt
außer dem Einen
und der sagte
ja   *(Kurt Marti)*

Das Leben eines Menschen hat seinen Wert, weil es von Gott geliebt wird und sich so zugleich in der Gemeinschaft findet allen von Gott geliebten Lebens. Diese Liebe meint das ganze Leben mit seinen Schwächen und Nöten. ... Das ist der Grund, warum auch jedes scheinbar zerstörte Leben vor Gott seinen Wert und seinen Sinn behält. *(Martin Robra)*

Man ist das, was man vor Gott ist. Nicht mehr und nicht weniger. *(Johannes Maria Vianney)*

Ich bin nicht berühmt
ich rage nicht heraus
aber
mich gibt es nur einmal
ich bin einmalig
Gott hat mich
wunderbar gemacht   *(Siglinde Peitz)*

Mit Humor leichter leben

So nicht weiter!

Das Lachen ist mir vergangen. Irgendwie sehe ich alles zu verbissen. Was auch passiert – andauernd nehme ich die Dinge sehr ernst, viel zu ernst. Bin ich den Schattenseiten des Lebens ausgesetzt, spüre ich also eigene Unzulänglichkeit oder erlebe Gewalt zwischen den Menschen, höre von nationalistischen oder rassistischen Greueltaten – dann macht mich das maßlos bitter, wütend, enttäuscht.

Der Boden wankt unter meinen Füßen, ich werde wie in einen tiefen Schlund hineingezogen. Das bringt mir selbst nichts und behindert mein verantwortliches Handeln für andere. Und wenn ich mal Erfolge habe, Gutes erlebe – ich freue mich zwar, aber trotzdem: Auch das alles nehme ich zu ernst, zu wichtig, überschätze es total und gerate aus der Bahn.

Ich möchte lockerer sein, gelassen, humorvoll, möchte mein Leben nicht unnötig komplizierter machen, als es eh schon ist. Andererseits will ich auch nicht ins totale Gegenteil abrutschen, in eine läppische, pflichtvergessene Clownerie. Was mir fehlt, ist die erfrischende Balance, die gesunde Mitte zwischen finsterem Ernst und einer oberflächlichen Witzelei, die nichts mehr wichtig nimmt. Ich will das Leben weiterhin wichtig nehmen, will verantwortungsvoll handeln – ohne dabei vom Leid und Verzweiflung zerfressen oder von tollen Erfahrungen völlig überfahren zu werden.

Ich fange neu an!

Gelassene Heiterkeit, Humor – das wäre was! Erstens brauche ich dafür eine gesunde Distanz zu mir selbst, zu Menschen und Welt. Im Wissen um die irdische Vergänglichkeit, vom Blickwinkel der Ewigkeit aus sehe ich alles mit einigem Abstand, weniger verbohrt – auch das Leidvolle. Nichts ist so wichtig, daß ich es zu ernst nehmen müßte – einschließlich meiner Person, weshalb ich mich auf den Arm nehmen kann. Dieser etwas andere Blick hat nichts mit Verantwortungslosigkeit zu tun, sondern mit nüchterner, besonnener Einschätzung.

Zweitens brauche ich für den Humor das Verankertsein in Gott. Dadurch habe ich in dunklen Situationen Hoffnung, Optimismus, beglückendes Wissen um meinen Wert. Außerdem erfahre ich im Verankertsein die Güte Gottes, bin gelöst, heiter, und strahle das aus.

Gottes Güte, die ich spüre, prägt auch das Wesen des Humors: Anders als der Witz ist er keine Sache des Geistes, sondern des Herzens. Er ist warmherzig, feinfühlig, nicht überheblich, nicht verletzend oder runtermachend.

Auf diesen Grundlagen gewinne ich Humor. Er hilft mir, sowohl Dunkles wie Helles mit heiterer, souveräner Gelassenheit zu sehen. Schrecknisse verlieren an dämonischer Kraft, Erfolge verblenden mich nicht. Ich reagiere mehr mit spielerischer Leichtigkeit, mit Lachen und Freude als bierernst. Ich kann mich sogar intensiver dem Augenblick hingeben, wirkungsvoller Gutes tun. Humor entkrampft, befreit, heilt, fördert das Miteinander – ein Vorgeschmack der endgültigen Erlösung.

Impulse aus der Bibel

Gott hilft den Schwachen und entreißt sie der Unterdrückung. Gott hebt die Erniedrigten hoch hinauf, die Kummervollen läßt er Freude finden, den Elenden gibt er Zuversicht und Hoffnung. Sooft dich das Unglück auch trifft – Gott hilft dir und rettet dich vom Untergang.

Zur Zeit des Unheils hält er dich am Leben – du mußt nichts fürchten, ja du wirst angesichts dunkler Schatten nur lachen und keine Angst haben vor reißenden Tieren. *(Hiob, Kapitel 3)*

Wir erweisen uns als Gottes Mitarbeiter durch unsere Standhaftigkeit in Bedrängnissen, durch Geduld und Freundlichkeit, durch aufrichtige Liebe zu jedem Menschen, in der Kraft Gottes. Wir sind Sterbende – und dennoch leben wir. Wir haben viel Leid – und doch bleiben wir in allen Traurigkeiten fröhlich. Wir sind arm – und machen doch viele Menschen reich. Wir haben nichts – und haben doch alles. *(2. Brief des Paulus an die Korinther, Kapitel 6)*

Worte der Ermutigung

Humor ist wie ein Singvogel, der sich die Welt von oben beschaut. *(Kyrilla Spiecker)*

Humor ist: Mit einer Träne im Auge lächelnd dem Leben beipflichten. *(Friedl Beutelrock)*

(Als für die todkranke Theresia die Stubenfliegen zu Quälgeistern wurden:) Sie sind meine einzigen Feinde, und da der liebe Gott empfohlen hat, seinen Feinden zu verzeihen, bin ich froh, eine Gelegenheit dazu zu haben. Darum laß ich sie immer laufen. *(Theresia von Lisieux)*

Eines Tages hatten die Heiligen in der Kirche das Stehen satt. ... Sebastian spielte mit den Pfeilen Mikado, Märtyrer führten einen Schwerttanz vor. ... Es löste sich der Kalk von der Decke, die Fenster sprangen auf. ... Nur die Dämonen spielten nicht mit und hielten todernst Stellung. *(Martin Gutl)*

Wenn wir über uns selbst lachen können, dann nimmt Gott uns ernst. *(Maria Prean)*

Helle persönliche Seiten annehmen

So nicht weiter!

Meine Stärken, meine Begabungen werte ich vor anderen gern ab – oder behaupte, sie gar nicht zu haben – oder entfalte sie nur auf ganz kleiner Sparflamme – oder sehe sie sogar letztlich selbst nicht mehr. Ich stehe nicht richtig zu ihnen, schäme mich irgendwie für sie. Denn früh schon bekommt man beigebracht, sein Licht unter den Scheffel zu stellen: „Immer hübsch bescheiden bleiben!"

Und das trägt nicht gerade zum Selbstbewußtsein und zur Entfaltung bei. Stärken sind für mich ein Grund zur Entschuldigung. Wenn ich zu meinen Stärken stehe und sie lebe, dann könnte es ja nach Großtuerei aussehen, und ich könnte von anderen abgelehnt werden!

Häufig weiß ich zwar, daß ich meine Stärken habe, manchmal nehme ich sie auch wahr. Aber das bleibt für mich sehr verschwommen. Denn wenn ich anfange, meine Stärken genauer zu betrachten, vielleicht sogar zaghaft beginne, stolz zu sein und mich zu freuen – dann meldet sich schlagartig mein schlechtes Gewissen. Und prompt nehme ich mich zurück in meiner positiven Bewertung und meinen guten Gefühlen. Es gilt ja, immer hübsch bescheiden zu bleiben!

Im Annehmen und Ausleben meiner Stärken bin ich sehr gehemmt. Und das ist hinten und vorne nicht in Ordnung: Ich lebe mit schlechtem Gewissen und mit Verdrängung, mache mir selbst Vorwürfe und lehne mich ab, weil ich meine Lichtseiten ablehne. Ich hindere mich an meiner Entfaltung und am Wachsen meines Selbstbewußtseins.

Ich fange neu an!

Meine Stärken zu sehen und anzunehmen – das erfordert Mut. Zunächst den Mut, zurückzublicken. Ich muß mich versöhnen mit dem Kind, das immer noch in mir steckt und sich für Stärken schämt. Die Versöhnung klappt nur, wenn ich dieses Kind in mir nicht bekämpfe, sondern verstehe – wie hätte es unter den damaligen konkreten Umständen denn anders denken und empfinden sollen? Und ich, der ich erwachsen im Heute lebe, kann konsequent Besseres daraus machen.

Auch diese Konsequenzen erfordern Mut. Den Mut, hinzusehen, meine gottgegebenen Stärken zu sehen und anzunehmen, mich mit ihnen anzunehmen. Ich muß mich immer wieder fragen: Was sind meine guten Seiten? Was an mir erfüllt mich mit Freude und gesundem Stolz? Verstehe ich es, Menschen zuzuhören, Frieden zu stiften? Habe ich Humor? Oder kreative Begabungen? Oder Lebensweisheit? Oder bin ich in der Arbeit zuverlässig?

So lerne ich meine Fähigkeiten kennen, die ich bislang eher versteckt, nicht richtig wahrgenommen, nicht richtig gelebt und entfaltet habe. Und da ich ganz genau hinblicke, sehe ich auch die Grenzen meiner Stärken – ohne deswegen aus der Stärke eine Schwäche zu machen. Sie bleibt Stärke – die ich aber, nicht zuletzt wegen der Grenzen, ohne arrogante Großtuerei, ohne Überbewertung entfalte.

Ich kann mich also im Spiegel anschauen und sagen: „Dies und das finde ich toll an dir!" Ich kann mir selbst auf die Schulter klopfen – nicht als leere Geste, sondern weil ich selbstbewußt um meine Stärken weiß.

Impulse aus der Bibel

Mein Herz ist von Freude erfüllt, ein schönes Lied will ich singen für einen königlichen Menschen. Sehr ansehnlich bist du, freundlich und gütig sind deine Worte. Sichtbar und spürbar hat dich Gott mit Gaben beschenkt. Nutze sie mutig, gib dein Bestes, umgürte dich mit Kraft, setze dich stark und sanftmütig ein für Wahrheit und Gerechtigkeit! Du liebst ja das Gute und verabscheust das Unrecht. Darum hat dich dein Gott gesalbt mit dem Öl der Freude! *(Psalm 45)*

Jesus sagte: „Glücklich zu preisen sind alle, die keine Gewalt anwenden. Glücklich zu preisen sind alle, die nach Gerechtigkeit hungern und dürsten. Glücklich zu preisen sind alle, die barmherzig sind. Glücklich zu preisen sind alle, die mit reinem Herzen leben. Glücklich zu preisen sind alle, die Frieden stiften.
Ihr seid das Salz, das die Erde vor dem Verderben bewahren soll. Ihr seid das Licht der Welt. Eine Stadt, die hoch auf dem Berg liegt, kann nicht verborgen bleiben. Auch zündet niemand ein Licht an und deckt es dann zu, indem er es unter einen Scheffel stellt. Im Gegenteil, man stellt es so auf, daß es allen im Haus Licht gibt.
Genau so sollt ihr euer Licht vor den Menschen leuchten lassen, indem ihr eure Fähigkeiten zum Guten erkennt und kraftvoll in die Tat umsetzt – und die Menschen, die es erleben, werden daran Gott erkennen und ihn loben." *(Evangelium des Matthäus, Kapitel 5)*

Worte der Ermutigung

An der Wurzel von allem liegt der Akt, durch den ich mich selbst annehme. Ich soll damit einverstanden sein, der zu sein, der ich bin. Einverstanden, die Eigenschaften zu haben, die ich habe. Einverstanden, in den Grenzen zu stehen, die mir gezogen sind. *(Romano Guardini)*

Wer sich leicht schämt, sündigt schwer. *(Jüdisch-talmudische Überlieferung)*

Schreib deine Gaben auf und stell sie Jesus zur vollen Verfügung! *(Katharina Tobien)*

Eine Fähigkeit, die nicht täglich zunimmt, geht täglich ein Stück zurück. *(Aus China)*

Wenn du etwas tust, worauf du stolz bist, dann bleibe dabei und lobe dich dafür. *(Mildred Newman)*

Dunkle persönliche Seiten annehmen

So nicht weiter!

Schattenseiten gibt´s genug in meinem Leben! Ich mache
Fehler: verpatze beruflich etwas, bin unvorsichtig beim
Autofahren, lasse das Essen anbrennen ... Ich habe Charakter-
schwächen: bin rachsüchtig, geizig, übereitel, stinkfaul ... Ich
leide körperlich: Krankheit, Behinderung, Altersgebrechen ...
Ich leide seelisch: bin verstimmt, traurig, furchtsam, habe
Minderwertigkeitskomplexe ...

Gerade bezüglich meiner Fehler passiert´s mir immer wieder,
daß ich sie verdränge, nicht wahrhaben will, überspiele.
Schließlich lebe ich in einer Gesellschaft, in der vorrangig
Tüchtigkeit und Erfolg zählen – und angesichts dieser Maßstäbe fällt es mir sehr schwer, Fehltritte, Patzer zu sehen und
einzugestehen.

Auch vor den anderen Schattenseiten verschließe ich gern die
Augen – wann bitte gestehe ich mir negative Charaktereigen-
schaften ein? Ich und überzogen eitel – das wäre ja noch
schöner! Ich und geizig – wer behauptet denn so einen Unsinn?
Und daß ich mir bezüglich meiner körperlichen und seelischen
Gesundheit gerne etwas vormache – mich nämlich für gesün-
der halte, als ich bin –, ist zwar verständlich, mir aber letztlich
nicht dienlich. Wie mir eben jedes Verdrängen schadet.

Es gibt allerdings auch Zeiten, wo ich die Augen nicht verschließe, sondern mich in meinen Fehlern überzogen selbst-
kritisch geradezu suhle. Und wenn ich gleichzeitig noch an
anderen deren Stärken bewundere, dann komme ich mir um so
mickriger vor.

Ich fange neu an!

Daß ich meine persönlichen Schattenseiten am liebsten nicht wahrhaben möchte, ist normal. Doch es bekommt mir nicht, weil ich dann blind bin für mich selbst, an mir vorbeilebe, mich nicht entwickeln kann. Die dunklen Seiten ins Auge fassen – das braucht Übung. Ich schaue gezielt hin, verdränge die Schatten nicht, lerne sie kennen, nehme sie und damit mich an. Auf die Weise sage ich keinesfalls Ja und Amen zu den Schattenseiten, verniedliche sie nicht.

Nein: Gerade, wenn ich meine Kraft nicht mehr zum Verdrängen einsetze, wird sie frei für Veränderungen. Und wenn ich außerdem Gott um Vergebung für Fehler und Schwächen bitte, erhalte ich zusätzliche Kraft zur Besserung.

Ich kriege zum Beispiel Kraft, feinfühlig statt rachsüchtig zu sein. Oder gegen traurige Verstimmungen vorzugehen, indem ich mir klarmache, daß es trotz allem Dunkel noch genug Licht und Wärme für mich gibt. Und bin ich unabänderlich krank, kann ich versuchen, die dunklen Gefühle anzunehmen und mit der Kraft, die mir daraus erwächst, die Krankheit bewußt anzunehmen – statt sie einfach hinzunehmen.

Ein maßvoller selbstkritischer Blick auf die dunklen Seiten zermürbt nicht, sondern hilft mir bei meiner Weiterentwicklung. Die Stärke anderer Menschen, ihr gutes Vorbild kann mir auf diesem Weg nutzen. Ich will dabei keine Kopie anderer sein, sondern suche in ihnen nur Anregungen für meine persönliche Entwicklung. Ich gehe verantwortlich mit den dunklen Seiten um, verwandle mit Gottes Hilfe Schwäche in Stärke.

Impulse aus der Bibel

Ich leide unter einer Krankheit, die mir wie ein Stachel ins Fleisch gestoßen wurde. Ich habe Gott angefleht, daß er mich davon befreit. Aber er hat zu mir gesagt: „Du brauchst nicht mehr als meine Gnade. Gerade, wenn du schwach bist, erweist sich an dir ganz stark meine Kraft!"
Jetzt trage ich meine Schwäche gern, weil dann Christus seine Kraft an mir erweisen kann. So stehe ich auch zu den dunklen, unerfreulichen Seiten meines Lebens, meinen Schwächen, Nöten, Schwierigkeiten, und nehme sie bewußt an. ... Ich weiß: Gerade dann, wenn ich schwach bin, bin ich stark durch Christus. *(2. Brief des Paulus an die Korinther, Kapitel 12)*

Wenn wir behaupten, ohne Fehler, ohne Sünde zu sein, belügen wir uns selbst, und die Wahrheit ist nicht in uns. Wenn wir aber unsere Verfehlungen klar sehen und eingestehen, dann dürfen wir darauf vertrauen, daß Gott seine Zusage treu und gerecht erfüllt: Er wird uns unsere Verfehlungen vergeben und uns von aller dunklen Schuld befreien. Wenn wir aber behaupten, nie Falsches, nie Unrecht zu tun, machen wir Gott zum Lügner und beweisen damit, daß wir Christus noch nicht richtig kennen. *(1. Brief des Johannes, Kapitel 1)*

Worte der Ermutigung

Fehler gehören zum Leben. Was zählt, ist, wie man auf die Fehler reagiert. *(Nikki Giovanni)*

Jesus sagt uns, daß ... wir von Schwächen, Fehlern und Sünden frei werden, wenn wir sie offen bekennen. ... Das Ergebnis ist ein inneres Kräftereservoir. *(Catherine Marshall)*

Du sollst dich nicht nur ertragen, sondern dich lieben. ... Das bedeutet, dich anzunehmen mit all deinen Grenzen und Schwächen. *(Michel Quoist)*

Ich glaube, daß auch unsere Fehler und Irrtümer nicht vergeblich sind und daß es Gott nicht schwerer ist, mit ihnen fertig zu werden, als mit unseren vermeintlichen Guttaten. *(Dietrich Bonhoeffer)*

Mensch sein bedeutet, um seine Schwäche wissen, aber vertrauen, daß sie überwunden werden kann. Heißt, demütig sein und zuversichtlich zugleich ... ; von begrenzter Kraft und doch entschlossen zu Taten von ewigem Wert. *(Romano Guardini)*

Das Schöne sinnlich genießen

So nicht weiter!

Fast mechanisch trotte ich durch den Alltag, schlinge das Essen runter, kriege von der Fülle des Lebens nichts mehr mit, bin so eingeschränkt, daß meine Sinne kaum noch richtig zum Zuge kommen. Schmecken, Riechen, Hören, Sehen, Fühlen – Zärtlichkeit, Erotik – alles verkümmert. Der graue Alltag hat meine sinnlich-leidenschaftliche Entfaltung eingeschläfert, Scheuklappen verbauen mir die Sicht auf die schönen Seiten des Lebens.

Außerdem stumpfen meine Sinne durch Reizüberflutung ab, werden unempfänglich für das Schöne. Am laufenden Meter überschütten Fernsehen, Reklamewände, Schaufenster oder Zeitschriften mich tonnenweise mit Reizen.

Hinzu kommt: Das Schönheitsideal, das mir in der Werbung vorgesetzt wird, ist oft mehr als fragwürdig. Fitneß bis zum Exzeß, Körperkult – das ist doch nicht die Schönheit, für die ich mich sinnlich-leidenschaftlich erwärmen kann! Hier wird mir ein falsches Schönheitsideal eingeimpft, das mich zudem kalt läßt.

Durch die Masse der Reize stumpfen meine Sinne ab. Durch die Art der Reize setzt sich in meinem Kopf ein falscher Schönheitsbegriff fest, losgelöst von sinnlicher Leidenschaftlichkeit – und gleichzeitig verliere ich das Gespür für wahre Schönheit, zu Lasten meiner Sinne. Und noch ein Hindernis: verklemmte religiöse Erziehung und gesellschaftliche Einstellung, die mir bis heute weismachen wollen, sinnliches, leidenschaftliches Leben sei schlecht.

Ich fange neu an!

Gott hat mich erschaffen mit meinen Sinnen. Ich soll und muß sie intensiv nutzen. Wenn ich mir das immer wieder bewußt mache und konkret danach lebe, kann ich loskommen von einer lebensverneinenden Erziehung und hinfinden zu einer lebensbejahenden, mich selbst annehmenden Einstellung. Ich will mit allen Sinnen das Leben lustvoll genießen – zugleich aber maßvoll sein.

Ich kann durchaus lernen, gezielt auf das Schöne zu achten, mich begeistern zu lassen. Ich kann Augen entwickeln, die das Schöne sehen – Ohren, die es hören – eine Nase, die es riecht – eine Zunge, die es schmeckt – einen Körper, eine Haut, eine Seele, die es spüren. Ich kann Zärtlichkeit erfahren und schenken, ein gutes Essen wirklich genießen, völlig hingerissen sein angesichts einer schönen Landschaft.

Lust am Leben – dazu ist also nichts Weltbewegendes nötig, es reicht die Achtsamkeit für das eher Unscheinbare, Unbeachtete: eine Blume am Weg, Musikklänge, die leisen zwischenmenschlichen Töne, das Lächeln auf einem Gesicht, das Streicheln einer Hand.

Ich will bewußter darauf achten, sinnliche, beglückende Erfahrungen machen, will Schönheit leidenschaftlich genießen. Hilfreich ist es, mich dann und wann der Reizüberflutung – etwa durchs Fernsehen –, der Gefahr des Abstumpfens bewußt zu entziehen. Sinnes-Erlebnisse strahlen auch in die grauen Alltagssituationen aus, bereichern mich insgesamt.

Impulse aus der Bibel

Iß dein Brot, trink deinen Wein und sei fröhlich dabei! Das gefällt Gott. Trag schöne Kleider, salb dich mit Duftöl! Genieß so viele Stunden wie möglich, als Lohn für die Mühen dieses flüchtigen Lebens! *(Prediger Salomo, Kapitel 9)*

Schön, wunderschön bist du, meine Freundin! – Schön, wunderschön bist auch du, mein Freund! Unser Lager ist blühendes Gras. Eine Frühlingsblume bin ich, eine Lilie aus den Tälern. – Wie eine Lilie unter den Dornen, so ist meine Freundin unter den Mädchen. – Wie ein Apfelbaum unter den Waldbäumen, so ist mein Liebster, ich möchte seine Früchte genießen. Ich bin krank vor Liebe.

Steh auf, meine Freundin, meine Schöne! Der Winter ist vorbei, die Blumen blühen, die Vögel singen im ganzen Land, die Reben verströmen ihren Duft. Du hast mich verzaubert, bist ein Garten mit den schönsten Pflanzen: Rosen duften, Safran, Weihrauchsträucher und Myrrhe.

Nordwind und Südwind, durchweht meinen Garten, tragt seine Düfte hinaus! Komm, mein Geliebter, in deinen Garten, genieße die köstlichen Früchte!

Deinen Atem will ich trinken, mich an deinen Lippen berauschen, denn sie schmecken wie edler Wein! – Verspürst du den Duft der Liebesäpfel? Köstliche Früchte habe ich aufbewahrt für dich, mein Liebster! *(Hoheslied Salomos, Kapitel 1, 2, 4, 7)*

Worte der Ermutigung

Der Mensch ist eine Sonne. Seine Sinne sind seine Planeten.
(Novalis)

Ich bat Gott um viele Dinge, damit ich das Leben genießen könnte. Gott gab mir das Leben, damit ich alle Dinge genießen kann. *(Gertrud von Le Fort)*

Die Luft ist voller Gerüche. Sie kommen mir entgegen, hüllen mich ein, begrüßen mich, wollen von mir aufgenommen, erkannt, mit Namen genannt werden: ... die in Fülle blühende, von Bienen durchsummte Linde und der frisch gemähte Rasen, angeschnittene Chrysanthemen und in der Feuchtigkeit vermodernde Herbstblätter. *(Elisabet Plünnecke)*

Eros ... hob mich aus schwerem Dämmerweh.
Und alle Sonnen sangen Feuerlieder
und meine Glieder
glichen
irrgewordenen Lilien.
(Else Lasker-Schüler)

Wenn wir immer ein offenes Herz hätten, das Gute zu genießen, das uns Gott für jeden Tag bereitet, wir würden alsdann auch Kraft genug haben, das Übel zu tragen, wenn es kommt. *(Johann Wolfgang von Goethe)*

Respektieren statt tolerieren

So nicht weiter!

Es fällt mir oft verdammt schwer, andere Menschen in ihrer Andersartigkeit gelten zu lassen. Da ist jemand für meinen Geschmack viel zu grell und auffällig gekleidet – und beim nächsten bin ich der Auffassung, daß er zu diesem bestimmten Anlaß viel zu unansehnlich angezogen ist. Da mag jemand Musik, die ich nicht mag. Da trägt jemand eine Frisur, die ich scheußlich finde. Da ist jemand einer politischen oder religiösen Auffassung, die ich nicht teile.

Immer wieder halte ich nichts von der Entscheidungsfreiheit des anderen Menschen, sondern versuche, ihm meine Meinung, meinen Geschmack aufzudrängen, aufzuzwingen. Ich bin intolerant – und ich spüre, daß das irgendwie lieblos ist und daß ich den zwischenmenschlichen Beziehungen schade.

Manchmal ringe ich mich sogar dazu durch, die Meinung oder Kleidung eines anderen zu tolerieren – doch das ist auch nicht das Gelbe vom Ei: Ich mache es ja nur mit Hängen und Würgen, mit mürrischem Gesicht, bin letztlich unzufrieden – ich erdulde den anderen eben nur.

Manchmal bin ich's auch einfach leid, es ist mir wurschtegal, und ich sage: Laß doch jeden das tun und denken, was er will! Alles ist gleich richtig und gleich falsch! Aber dann spüre ich: Das wäre öde Gleichmacherei, pure Gleichgültigkeit, kein Offensein für die Wahrheit mehr, kein gemeinsames Ringen um das, was trotz Unterschieden verbindet – also nicht vorwärtsbringend.

Ich fange neu an!

Intoleranz, Rechthaberei, Fanatismus sind zerstörerisch. Doch selbst Toleranz reicht mir nicht – ich will Besseres! Toleranz heißt ja „Dulden" – ich ertrage den anderen Menschen, obwohl ich ihn für übel halte. Nein, ich muß lernen, den anderen liebevoll, achtungsvoll in seinem So-Sein, in seinem Anders-Sein zu respektieren, ihn als gleichberechtigt anzunehmen – wobei ich nicht jede seiner Meinungen und Handlungen unbedingt für richtig halten und akzeptieren muß.

Dieser Respekt entspricht seiner Würde als Person, seiner Meinungs- und Gewissensfreiheit – und meiner Menschenliebe. Daß mein eigenes Wissen um Gott und Welt nur zweifelbehaftetes Stückwerk ist, erleichtert mir den Respekt. Außerdem kann mir der andere eine heilsame Herausforderung sein. Und schließlich: Bunte Vielfalt ist schöner als grauer Einheitsbrei!

Mein Respekt schließt also nicht aus, von Fall zu Fall die eigene Meinung für richtig und die des anderen für falsch, somit nicht alles für gleicherweise richtig zu halten. Ebensowenig halte ich alles für gleicherweise völlig falsch – ich gehe ja davon aus, daß es (nicht nur bei mir) Richtiges, daß es die Wahrheit gibt. Und ich vertrete unaufdringlich meine Überzeugung, daß Jesus Christus die Wahrheit ist.

Außerdem: So sehr ich die Würde des anderen respektiere – wenn sein Denken und Tun menschenverachtend sind und er damit gegen die eigene Würde und die Würde anderer verstößt, dann muß ich ihn um eben dieser Würde und der Liebe willen von Haß und Gewalt abbringen.

Impulse aus der Bibel

Johannes sagte zu Jesus: „Wir haben einen Mann gesehen, der in deinem Namen Dämonen austrieb. Und wir haben es ihm verboten, weil er ja nicht zu uns gehört." Jesus sagte: „Laßt ihn doch gewähren! Wer nicht gegen uns ist, der ist für uns!" Und er sagte weiter: „Viele, die sich jetzt für richtig und wichtig halten, werden einmal ganz unten stehen. Und andere, die jetzt die Letzten sind, werden die Ersten sein!"
Bald darauf rief Jesus die Jünger wieder zu sich und sprach: „Ihr kennt die Regeln der Welt: Macht wird rücksichtslos ausgenützt, um Menschen zu unterdrücken und ihnen einen fremden Willen aufzuzwingen. Bei euch muß es anders sein! Wer in Gottes Augen groß sein will, der soll anderen Menschen respektvoll dienen.
Auch ich bin nicht gekommen, mich bedienen zu lassen, sondern um zu dienen und durch die Hingabe meines Lebens viele Menschen aus der Gewalt des Bösen zu befreien!" *(Evangelium des Markus, Kapitel 9 und 10)*

Wir sind auf dem Weg zum Ziel. Es mag und darf sein, daß ihr in manchen Punkten eine andere Meinung habt als ich. Gott wird für Einsicht sorgen. Aber laßt uns auf jeden Fall auf dem Weg bleiben, den wir als richtig erkannt haben. *(Brief des Paulus an die Philipper, Kapitel 3)*

Worte der Ermutigung

Toleranz sollte eigentlich nur eine vorübergehende Gesinnung sein: Sie muß zur Anerkennung führen. Dulden heißt: beleidigen. *(Johann Wolfgang von Goethe)*

Man verdirbt einen Jüngling am sichersten, wenn man ihn verleitet, den Gleichdenkenden höher zu achten als den Andersdenkenden. *(Friedrich Nietzsche)*

Freiheit ist immer nur Freiheit des anders Denkenden. *(Rosa Luxemburg)*

Laß fremde Art doch gelten,
selbst dann, wenn sie dich quält!
Gar oft ist, was wir schelten,
grad was uns selber fehlt.
(Wilhelm Kuhnert)

Ich kann keiner Abneigung gegen Menschen Raum geben, denn ich nehme Jesus Christus zu ernst. ... Ich lerne so viel von Menschen, die mir nicht liegen. Jedes Stückchen der Liebe Jesu, die ich empfangen darf, befähigt mich, mehr zu sehen. *(Florence Allshorn)*

Gott als den Ganz-Anderen sehen

So nicht weiter!

In mir steckt ein unausrottbarer Durst, eine Sehnsucht nach umfassendem Glück, eine Himmels-Sucht. Manchmal versuche ich, diese Sehnsucht durch Jubel, Trubel, Heiterkeit, also auf der rein irdischen Schiene zu befriedigen – mit unbefriedigendem Erfolg. Oft strecke ich mich auch nach einer jenseitigen Wirklichkeit aus – doch ich merke: Mein Glaube ist von Gottesvorstellungen geprägt, die meiner tiefsten Sehnsucht im Wege stehen, ihr einfach nicht gerecht werden.

Ich mache Gott zu meinesgleichen, weiß genau, wer er ist und was er zu tun hat. Ich packe ihn in Begriffe wie „lieber Gott" oder „Vater" und meine, ihn damit packen zu können. Ich forme mir einen mickrigen Gott nach eigenen Wünschen und Bedürfnissen, also ein Götzenbild – und wehe, dieser Gott funktioniert nicht so, wie gewünscht! Dann bin ich stinksauer und werfe den Gott meiner eigenen kleinkarierten Vorstellungen über Bord.

Außerdem geistern in mir aus Kindertagen immer noch falsche Gottesvorstellungen herum, die mir auch nicht weiterhelfen. Da ist zum Beispiel der gutmütige, weißbärtige Vater droben überm Sternenzelt, eine harmlos-armselige Figur, die dauernd ein Auge zudrückt. Solch einen spießigen Wischiwaschi-Gott kann ich doch nicht ernstnehmen! Oder mich quälen Vorstellungen von einem Gott des Zorns, der gnadenlos darauf aus ist, meine Fehler zu sehen und streng zu bestrafen.

Ich muß freikommen von meinen hinderlichen Gottesvorstellungen, muß einen Zugang finden zum wahren Gott, der meine Sehnsucht erfüllt.

Ich fange neu an!

Eines muß ich kapieren: Gott ist kein Mensch, weder Mann noch Frau, sondern der Ganz-Andere, meinen Horizont völlig sprengend, unfaßbare Größe und Ferne. Er ist nicht der mickrige Gott, den ich mir zwecks Befriedigung meiner Sehnsüchte in meiner Phantasie erfinde. Nein, der wahre Gott ist kein Produkt meiner Sehnsucht, sondern: Weil er da ist, mich auf sich hin geschaffen hat, darum sehne ich mich nach ihm.

Gott ist aber nicht nur fern, sondern mir zugleich unendlich nah, immer – und leibhaftig in Jesus. Dieser Jesus, dem jeder Herzschlag des Göttlichen vertraut ist, läßt mich erahnen, wer Gott ist. Am deutlichsten spricht sein Kreuz: So sehr liebt uns Gott! In Jesus, doch auch in der Überlieferung seines jüdischen Volkes wird mir deutlich: Gott ist persönliche Liebe, Licht, Hirt, Zorn, Vater, Mutter, sichere Burg.

Aber: Das sind menschliche Begriffe und Bilder, kleine Tastversuche hin zum unbegreifbaren Wesen Gottes. Gott ist Vater – dies meint: Gott ist Liebe. Gott ist Liebe – die ich aber nur menschlich denken und beschreiben kann. Und deshalb ist Gott zugleich nicht Liebe, nicht Liebe gemäß meinem begrenzten menschlichen Denken. Gott ist immer anders!

Und doch: So sehr ich um die Unzulänglichkeit der Bilder, Begriffe, Gleichnisse weiß, so sehr brauche ich derartige Vorstellungen, damit mir Gott nicht zu einem nebulösen Etwas wird. Und sie zielen ja auch auf Wahrheit hin. Mögen sie simpel klingen – sie treffen die Wirklichkeit des Gottes, der meine Sehnsucht jetzt anfanghaft, einst vollkommen stillt.

Impulse aus der Bibel

Wie ein Hirsch nach frischem Wasser dürstet, so dürste ich
nach dir, Gott! Ich sehne mich nach Gott, dem wahren,
lebendigen Gott! Wann endlich finde ich ihn, wann endlich
darf ich ihn anbeten? Tränen sind meine einzige Speise geworden. Warum nur bin ich so traurig? Warum ist mein Herz
so schwer?
Auf Gott will ich hoffen, und ich weiß: Ich werde ihm noch
danken. Schenk mir, Gott, dein Licht und deine Wahrheit. Sie
sollen mich führen, sie sollen mich dir näherbringen, mich
hinbringen zu dir. Dann will ich dich fröhlich preisen, mein
Gott! *(Psalm 42/43)*

Wie unsagbar groß ist doch Gott! Wie unendlich ist der Reich-
tum seiner Liebe, wie unergründlich tief ist seine Weisheit!
Wie unerforschlich sind seine Entscheidungen, wie unbegreif-
lich seine Pläne! Denn wer könnte jemals die Gedanken
Gottes erkennen? Wer könnte ihm je raten? Oder wer hätte
Gott jemals etwas gegeben, für das er von Gott etwas zurück-
fordern könnte?
Alles, aber auch wirklich alles, ist von Gott ausgegangen, lebt
durch ihn und wird von ihm vollendet. Ihm gebühren Lob und
Ehre für immer und ewig. Amen. *(Brief des Paulus an die
Römer, Kapitel 12)*

Worte der Ermutigung

Dies ist das Äußerste menschlichen Gotterkennens: zu wissen, daß wir Gott nicht wissen. *(Thomas von Aquin)*

Aber – wird man einwenden – wenn das Wesen Gottes unfaßbar ist, warum redest du davon? Soll ich vielleicht, da ich nicht den ganzen Fluß auszutrinken vermag, nicht so viel zu mir nehmen, wie mir guttut? ... Zwar weiß ich, daß ich seine unfaßbare Hoheit nicht genug verherrlichen kann, doch versuche ich es wenigstens. In meiner Schwachheit tröstet mich das Wort: „Niemand hat Gott je gesehen. Nur der Eine, der Sohn, der selbst Gott ist und am Herzen des Vaters ruht, der hat uns gesagt und gezeigt, wer Gott ist." *(Cyrill von Jerusalem)*

Jahr der Gnade 1654. Montag, den 23. November, seit ungefähr abends zehneinhalb bis ungefähr eine Stunde nach Mitternacht: FEUER. Gott Abrahams, Isaaks, Jakobs – nicht der Gott der Philosophen und Gelehrten. Gewißheit, ... Freude, Friede. Gott Jesu Christi. ... Nur auf den Wegen, die das Evangelium lehrt, ist er zu finden. ... Tränen der Freude. Ich hatte mich losgesagt von ihm. Möge ich nie mehr von ihm getrennt werden! *(Blaise Pascal)*

Die Vernunft kann das Geheimnis nicht durchdringen. Sie kann jedoch – und sie allein – beurteilen, ob die Worte, die es ausdrücken, angemessen sind. *(Simone Weil)*

Die Sprache der Religion ist mit der Sprache der Dichtung näher verwandt als mit der Sprache der Wissenschaft. ... Wenn in den Religionen aller Zeiten in Bildern und Gleichnissen und Paradoxien gesprochen wird, so kann das kaum etwas anderes bedeuten, als daß es eben keine anderen Möglichkeiten gibt, die Wirklichkeit, die hier gemeint ist, zu ergreifen. Aber es heißt nicht, daß sie keine echte Wirklichkeit sei. *(Werner Heisenberg)*

Erfüllte Zeit auskosten

So nicht weiter!

Zeit ist Geld – das höre ich dauernd und richte mich auch danach. Alles kreist um immer mehr Leistung, und deshalb spüre ich den Zwang, jeden Augenblick produktiv zu nutzen. Bloß nie innehalten, ohne Atempause voran! Und voran heißt: Ich lebe nicht in einem natürlichen Kreislauf und Zeitgefühl, sondern nur in den Vorstellungen von Vergangenheit, Gegenwart, Zukunft – wobei ich mich hauptsächlich nach vorn hin orientiere, wie ein Verrückter für eine Zukunft in möglichst großem Wohlstand arbeite, stets auf dem Sprung und nie richtig im Jetzt bin.

Ich lebe völlig nach der Uhr, im Beruf und in der Freizeit. Ständig verplane ich alles – was als solches schon viel Zeit in Anspruch nimmt! – Und will keine Minute vergeuden, sondern jede total ausschöpfen.

Alles muß so schnell wie möglich klappen – besser vorgestern als erst heute!

Und dann liege ich plötzlich flach, körperlich und seelisch. Der Versuch, Zeit durch Planung zu gewinnen, führt dazu, daß ich am Ende vor lauter Selbstkontrolle und Streß nicht mehr aus noch ein weiß, zum Verlierer werde.

Ich verliere nicht nur Leistungskraft, sondern ein Stückweit mich selbst. Ich habe wie ein Rädchen im Uhrwerk funktioniert, aber nicht wirklich gelebt. Es ist Illusion, daß ich durch perfekte Planung mehr aus meiner Zeit herausholen kann. Was ich allenfalls erreiche, ist ein mit tausend Tätigkeiten vollgestopfter Tagesablauf ohne Muße. Die Zeit ist gefüllt, aber nicht erfüllt.

Ich fange neu an!

Die Zeit ist nicht mein Besitz. Ich kann sie nicht verlieren oder gewinnen, weder kontrollieren noch verändern. Keiner kann sie mir stehlen. Ich „habe" die Zeit nicht, habe Stunden und Minuten niemals im Griff.

Entscheidend ist vielmehr, daß ich lerne, mit und in der Zeit, im Dahinfließen der Zeit menschenwürdig zu leben.

Ich fixiere mich nicht übermäßig auf die Zeiger der Uhr. Andererseits will ich natürlich auch nicht in zu beschaulicher Idylle träge werden. Es gilt einen Mittelweg zu finden, auf dem ich zwar aktiv bin, aber zugleich bewußt Verschnaufpausen einlege, Mußestunden entdecke und genieße.

Ich lasse mich einfach mal treiben, lasse mich los, werde gelassen und finde tiefer zu mir – ob zwischen Tätigkeiten oder mitten in einer Streßsituation. Zum Beispiel kann ich ein biß-chen träumen, ruhig und tief durchatmen, wenn ich an der Bushaltestelle oder in der Einkaufsschlange stehe. Oder ich mache mitten im Tag Gebetspausen. Oder plane freie Tage ein, die ich aber nicht gleich verplane, sondern spontan lebe und erlebe – etwa auch, indem ich, ganz allein, die Seele baumeln lasse, nachdenklich, entspannt, stillvergnügt.

So lebe ich mit der Zeit, lebe vor allem im Hier und Jetzt, koste wertvolle Augenblicke aus, pflege zugleich meine Erinne-rungen und denke gelassen ans Morgen. Ich bin nicht mehr sklavisch dem Moment ausgeliefert und komme einem natür-lichen Zeitgefühl näher. In der dahinfließenden Zeit erlebe ich erfüllte Zeit, zeitlose Zeit, ein kleines Stück Ewigkeit.

Impulse aus der Bibel

Achtet sorgfältig auf eure Lebensführung! Lebt als Menschen,
die wissen, worauf es ankommt, und darum die Zeit in sinnvoller Weise nutzen. Denn wir leben in einer argen Welt. *(Brief
des Paulus an die Epheser, Kapitel 5)*

Jesus sagte: „Macht euch keine unnützen Sorgen um euren
Lebensunterhalt! Der Mensch ist mehr als Nahrung und
Kleidung. Auch wenn ihr noch so viel Aufwand treibt – ihr
könnt eure Lebenszeit nicht um einen einzigen Augenblick
verlängern. Gott kümmert sich um euch – vertraut ihm! Hört
also auf, euch voll übertriebener Sorge nur noch um die
Zukunft zu kümmern und euch zu fragen, ob ihr auch ja genug
zu essen und zu trinken haben werdet.
Euer Gott weiß, was ihr nötig habt. Räumt ihm, seinem Leben,
seiner Sache die meiste Zeit ein – mit allem anderen wird er
euch versorgen! Kreist deshalb nicht ängstlich um das Morgen,
arbeitet nicht wie besessen darauf hin – der morgige Tag wird
für sich selbst sorgen. Lebt im Heute – der heutige Tag fordert
schon genug von euch!" *(Evangelium des Matthäus, Kapitel 6)*

Worte der Ermutigung

Der Zeit aber wollen wir nicht nachlaufen, wir wollen in ihr leben. Ich will gar nicht einmal davon sprechen, wieviel Charakterstärke dazu gehört, sein Leben zu Ende zu leben, gegen alle anderen. *(Kurt Tucholsky)*

Die Vergangenheit
will nicht enden
und die Zukunft
ist schon da;
deshalb haben wir
gegenwärtig
viel zu tun.
(Arnim Juhre)

Das meiste haben wir gewöhnlich in der Zeit getan, in der wir meinen, nichts getan zu haben. *(Marie von Ebner-Eschenbach)*

Die Familie akzeptierte es: Jeden Morgen und jeden Abend gehörte eine halbe Stunde nicht mir oder den anderen, sondern Gott allein. Im nächsten halben Jahr hatte ich – wieder fast körperlich spürbar – die immer tiefer werdende Gewißheit, daß von diesen Gebetszeiten her ein innerer Heilungsprozeß in Gang gekommen war, der mich und mein Leben mehr und mehr durchdrang. *(Karin Johne)*

Wem Zeit wie Ewigkeit und Ewigkeit wie Zeit, der ist befreit von allem Leid. *(Jakob Böhme)*

Selbstliebe mit Nächstenliebe kombinieren

So nicht weiter!

Erst komme *ich* und dann lange nichts – diesem Trend folge ich immer wieder gern. Ich bin geradezu süchtig nach Selbstverwirklichung. Konsequent befriedige ich meine Bedürfnisse – egal, wer darunter zu leiden hat. Diese totale Ichbezogenheit samt einem Kult um Schönheit und Jugendlichkeit greift in alle Lebensbereiche ein.

Ich sehe aber auch die Nachteile. Problem eins: Egoismus, also ungenierte Selbstliebe, entspringt einem schwachen, mißtrauischen Ich und baut drum herum eine goldene Schutzmauer. Doch wehe, die schöne Fassade wird durchbrochen! Dann sinkt mein schwaches Ich noch tiefer, ich werde seelisch krank.

Problem zwei: Je mehr ich mich selbst bespiegele, desto unzufriedener bin ich – ohne Ende finde ich etwas, das noch besser sein könnte.

Problem drei: Wenn alle Menschen mit gleichen Mitteln sich individuell selbst verwirklichen wollen, dann ist letztlich keiner mehr individuell.

Problem vier: Ichbesessenheit schadet den solidarischen zwischenmenschlichen Beziehungen. Nicht, daß sie heute völlig fehlten – sie sind noch da, teils sogar auf besserer Grundlage: nämlich Freiwilligkeit und Selbständigkeit statt aus Zwang heraus. Trotzdem leidet die Solidarität in der Ellenbogengesellschaft.

Andererseits: Mich selbst vernachlässigen, nur noch an andere denken – das ist ebenfalls ungesund. Ich muß mich einpendeln zwischen dem Tanz ums goldene Ich und völliger Selbstlosigkeit.

Ich fange neu an!

Selbstliebe ist natürliche Veranlagung – jeder Mensch sorgt dafür, daß es ihm gutgeht. Der Glaube an Gottes Liebe zu mir stärkt meine Selbstliebe noch. Gottes Liebe ist auch entscheidende Voraussetzung meiner Nächstenliebe: Ich beantworte seine Liebe, indem ich treu seinem Wort den Nächsten liebe. Begünstigt wird Nächstenliebe durch die Eigenliebe: Tue ich mir Gutes, klappt um so besser Gutes für andere.

Mangel an Selbstliebe hingegen würde Nächstenliebe erschweren und wäre Anzeichen, daß ich an einen Gott glaube, der mich wie einen Sklaven zwingt, nur für andere und nie für mich zu wirken. Von solch krankmachenden, hinderlichen Vorstellungen löse ich mich. Ich glaube an den Gott, der mich liebt! Er will nicht, daß ich Selbstliebe unterdrücke. Der Glaube an seine Liebe schenkt mir bessere Eigenliebe und ist die Grundlage echter Nächstenliebe.

Ich brauche mich nicht sklavisch und völlig selbstlos abzurackern, aus Sorge um mein Seelenheil – womit hier dann ja doch ein Schuß Selbstliebe hochkäme, getarnt als Selbstlosigkeit. Nein, statt dessen liebe ich mich auf gesunde Weise und ruhigen Gewissens selbst – und den Nächsten wie mich selbst; das heißt: Ich tue ihm in dem Maß Gutes, wie ich mir selbst sowieso schon Gutes tue.

Natürlich kann Selbstliebe krankhaft in Selbstsucht ausarten und damit in Verhinderung von Nächstenliebe. Doch es gibt ein sehr wirksames Gegenmittel: Egoismus hängt ja mit einem schwachen Ich zusammen – der Glaube an Gottes Liebe zu mir hingegen stärkt mein Ich und verhindert Egoismus.

Impulse aus der Bibel

Ein gutes Essen macht Freude, Wein trinken macht fröhlich, und Geld macht beides möglich. Koste froh jeden Tag aus, der dir gegeben ist. Tu, was deinem Herzen Freude macht! Aber bei all dem lebe in Verantwortlichkeit vor Gott! Das ist das Wichtigste: Nimm Gott ernst, folge immer seinen Weisungen zur Liebe! Gott wird über alles, was wir tun, Gericht halten, über unsere guten und schlechten Taten. *(Prediger Salomo, Kapitel 11 und 12)*

Wer zu sich selbst schlecht ist, hat es schwer, andere gut zu behandeln. Ja, schlimm ist dran, wer sich selbst nichts gönnt. Ein übler Mensch ist allerdings, wer nur noch an sich denkt und sich von Menschen in Not abwendet oder sie sogar verachtet. Nie ist er zufrieden mit dem, was er hat, seine Habgier trocknet seine Seele aus.

Tu dir also selbst etwas Gutes, soweit du dazu in der Lage bist, und tu deinem Nächsten Gutes! Gib ihm so großzügig, wie du kannst. Und dir selbst laß keinen Freudentag entgehen! Wenn du zu etwas Lust hast und es recht ist, dann tu es! Hab deine Freude daran, anderen zu geben, doch auch daran, für dich selbst zu nehmen und dir etwas Gutes zu gönnen! *(Jesus Sirach, Kapitel 14)*

Worte der Ermutigung

Wer seinen Egoismus überwindet, der entledigt sich des bedeutendsten Hindernisses, welches jeder wahren Größe und jedem wahren Glücke den Weg verrammelt. *(Joseph von Eötvös)*

Selbstlosigkeit ist Eigenliebe, die sich schämt.
(Hans Lohberger)

Weil wir uns selbst nicht genug lieben und annehmen, fällt es uns so schwer, unseren Nächsten zu lieben und anzunehmen. *(Ingrid Trobisch)*

Siehe, also fließe aus dem Glauben die Liebe und Lust zu Gott, und aus der Liebe ein freies, williges, fröhliches Leben, dem Nächsten umsonst zu dienen. *(Martin Luther)*

Keiner von euch ist ein Gläubiger, solange er nicht seinem Nächsten wünscht, was er sich selbst wünscht. *(Aus dem Islam)*

Mit Kopf und Herz mich entscheiden

So nicht weiter!

Andauernd muß ich mich entscheiden. Das kann eine notwendige Spontanentscheidung während des Einkaufens sein, das können lebenswichtigere Entscheidungen im Bereich Familie, Ausbildung, Beruf oder Gesundheit sein. Bei jeder Entscheidung bin ich mit meinem ganzen Menschsein gefordert, mit Kopf und Herz.

Das gilt natürlich insbesondere bei wichtigen Entscheidungen – ich sollte sie bedächtig treffen, mit klarem Kopf und gefühlsmäßig urteilendem Herzen. In Verantwortung vor Gott, den Menschen und mir selbst.

Doch was mache ich? Ich treffe immer wieder Entscheidungen, zu denen ich letztlich nicht stehe oder die mir und anderen nicht zum Guten sind. Bei lebenswichtigeren Entscheidungen, die Zeit, Ruhe und Sorgfalt brauchen, lasse ich mir oft nicht die nötige Zeit und Ruhe, sondern handle unangebracht spontan – überlege zu kurz oder entscheide ruckzuck aus dem Gefühl heraus. Und die Maßstäbe, die ich bei meinen Entscheidungen anlege, sind häufig auch nicht gerade die feinsten, sondern alles dreht sich in egoistischer Manier nur um mich.

Und selbst wenn ich in Ruhe mit Kopf und Herz abwäge: Es kann passieren, daß mein Kopf eine an sich vernünftige Lösung findet – daß aber mein Herz lauthals „Nein!" schreit, eben weil mein Gefühl sich total dagegen sträubt. Und dann stehe ich da wie ein begossener Pudel und bin in völliger Verwirrung darüber, was ich denn nun machen, ob und wozu ich mich entscheiden soll.

Ich fange neu an!

Ich muß mich in Freiheit bewußt entscheiden können. Unbewußte Gefühlsschichten dürfen die Entscheidung nicht beherrschen – etwa Minderwertigkeitskomplexe: Sie können mich zu der Entscheidung zwingen, unaufhörlich für andere zu wirken – weil ich dafür Lob bekomme, das dann mein Selbstwertgefühl steigern soll.

Was nach Nächstenliebe aussieht, ist also in Wirklichkeit eine vom Unbewußten beherrschte Entscheidung aus Eigenliebe. Ich muß die unbewußten Motive entdecken und kriege sie in den Griff, wenn meine Gottesliebe stärker ist als diese Kräfte. Nun kann ich mit Kopf und Herz frei meine Entscheidung treffen, unter sorgsamem Abwägen. In Ruhe, Stille und Gebet. In Orientierung an der Liebe, an Gottes Weisungen. Ich beginne mit Kopfarbeit, sehe klar die Situation, Vorteile, Nachteile – und bewerte: Was entspricht am ehesten der handfesten Liebe zu Gott, zu allen Menschen, zu mir selbst?

Das vernünftige Kopf-Ergebnis überlasse ich meinen Gefühlen, spüre deutlich deren Reaktionen. Erst, wenn das Herz „Ja" sagt, ist die Kopf-Lösung für mich persönlich geeignet und die Entscheidung meine eigene. Und wenn es „Nein" sagt? Passiert das aus berechtigter Angst, weil das Herz eine wirkliche Gefahr spürt, sollte ich neu nachdenken.

Handelt es sich aber um überflüssige Ängste, sollte ich trotz „Nein" des Herzens meinem Kopf folgen. Ansonsten nämlich würde mich mein Herz aufgrund schädlicher Ängste von Leben und Entfaltung abhalten. Zudem werden solche Ängste geringer, wenn ich mich über sie hinwegsetze.

Impulse aus der Bibel

Glücklich der Mensch, der beim Denken seinen Verstand gebraucht! Gott hat am Anfang den Menschen erschaffen und ihm die Freiheit zu eigener Entscheidung überlassen. Wenn du willst, kannst du dich an Gottes Weisungen halten. Von deiner Entscheidung hängt es ab, ob du ihm die Treue hältst.

Feuer und Wasser hat er vor dich gelegt – du hast die Wahl, du kannst dich für das eine oder das andere entscheiden. Du kannst zwischen Leben und Tod wählen – und bekommst das, wofür du dich entscheidest. Gott hat keinem befohlen, schlecht zu sein, und keinem erlaubt, Unrecht zu tun.

Berate dich stets mit besonnenen Menschen, von denen du weißt, daß sie Gottes Weisungen treu sind und daß sie so fühlen wie du. Doch achte vor allem auf das, was dir dein Herz rät – du wirst keinen besseren Ratgeber finden! Dein Herz gibt dir bessere Auskunft als sieben Wächter, die auf einer Anhöhe Ausschau halten. Bei alledem bitte Gott, dich immer auf den richtigen Weg zu bringen! *(Jesus Sirach, Kapitel 14, 15, 37)*

Ihr habt Gottes Barmherzigkeit erfahren. Seid darum mit Leib und Seele für Gott da! Orientiert euch nicht an den Maßstäben der Welt, sondern an Gottes Maßstäben, damit euer ganzes Denken erneuert wird. Nur dann könnt ihr beurteilen, was Gottes Willen entspricht, und könnt für jede einzelne Situation entscheiden, ob sie gut und gottgefällig ist. Verabscheut das Böse, tut mit ganzer Kraft das Gute, liebt einander von Herzen! *(Brief des Paulus an die Römer, Kapitel 12)*

Worte der Ermutigung

Im Schatten der Angst der Hoffnung trauen
und mich Tag für Tag entscheiden fürs Leben.
(Almut Haneberg)

Das Herz hat seine Gründe, die die Vernunft nicht kennt.
(Blaise Pascal)

Etwas vom Besten, was wir für unsere Seele tun können, ist zu
warten, und etwas vom Schlimmsten, eine Entscheidung zu
erzwingen. *(Evelyn Underhill)*

Vielleicht bedürfen unsere zivilisierten Völker in Zukunft vor
allem solcher Menschen, die, bevor sie etwas tun, lange
darüber nachdenken, warum sie es tun, wozu sie es tun, und ob
sie es überhaupt tun sollen. *(Peter Bloch)*

Wenn du eine Entscheidung treffen sollst und triffst keine, so
ist das selbst eine Entscheidung. *(William James)*

Positiv und realistisch zum Leben stehen

So nicht weiter!

Ich sehe immer schwarz – bin total negativ, lebensverneinend eingestellt, bis hin zu solchen Fragen wie: „Warum hat mich keiner lieb?" – oder: „Warum geht bei mir alles schief?" Und übersehe dabei, daß auch ich Gutes leiste und von Menschen Gutes erfahre. Doch das will ich nicht wahrhaben, jammere lieber, fühle ich mich unfähig und ausgenutzt. Die düstere Grundeinstellung belastet Körper und Seele.

Gern lasse ich mir deshalb von anderen eine rosarote Brille aufsetzen und glaube dem Versprechen: Durch „positives Denken" beseitigst du jede Schwierigkeit! Negatives hat keinen Wert! Konzentrier dich aufs Positive! Die Kraft positiver Gedanken macht alles möglich, macht dich paradiesisch erfolgreich, gesund und glücklich!

Aber dadurch gerate ich massiv unter Druck! Und merke: Es ist Illusion, alles sei machbar, wenn ich's nur wolle. Es ist auch Aberglaube, ich könne dunkle Schatten einfach so wegdenken. Allenfalls übertünche ich das Negative, die dunklen Gefühle und Gedanken, das innerliche Am-Boden-Liegen, durch positive Gedanken – und das verdrängte Dunkle zerfrißt dann rasch das oberflächliche Glück und macht sich noch breiter.

Außerdem: Nicht alles, was danach aussieht, ist negativ – wenn ich mir zugestehe, eine Begabung nicht zu haben, ist das bloß ehrlich! Und weiter: Gehört nicht Positives wie Negatives zum menschlichen Reifen? Und: Wie soll ich denn bei einem furchtbaren Todesfall positiv denken können? Die rosarote Brille läßt mich die Wirklichkeit verkennen.

Ich fange neu an!

Nichts gegen eine positive, lebensbejahende Grundeinstellung! Sie ist unumgänglich, wenn mein Leben gelingen soll. Und Lächeln, Lebensfreude, Elan, Zielstrebigkeit ergeben sich wie von selbst, wenn ich an den Gott glaube, der mein Leben liebevoll bejaht und bewahrt.

Dann stelle ich in schwierigen Situationen auch nicht mehr die negative, zerstörende, mit Unwahrheit gespickte Frage: „Warum trifft's immer nur mich?", sondern die positive, hilfreiche, aufbauende Frage: „Was kann ich tun, um das Beste daraus zu machen, was daraus lernen?" Und ich schaue gezielt auf meine Stärken – und auf das, was ich an menschlicher Zuwendung erfahre – oder auf Schönheiten der Natur.

Doch ich hüte mich vor positiver Übertreibung ins Rosarote hinein. Ich verdecke nichts, sondern sehe realistisch, daß es im Leben negative Geschehnisse gibt, die in mir Negatives hervorrufen. Ich nehme mich ganz an, versuche also auch nicht, Negatives mit Positivem zu übermalen. Negative Gedanken oder Gefühle dürfen in mir aufkommen.

Wenn ich traurig bin, dann bin ich traurig, stehe zu den Tränen – gaukle mir und anderen nicht vor, glücklich zu sein. Und wie unmenschlich wäre es, würde ich mir bei Schwerkranken keine Betroffenheit gestatten!

Gleichzeitig ergebe ich mich – gerade, weil ich das Leben bejahe – nicht kampflos dem Negativen, sondern verbessere soviel wie möglich, ohne zu glauben, ich könne alles schaffen. Und Unabänderliches nehme ich in Würde an, statt resignierend hin. So wächst aus Negativem Positives.

Impulse aus der Bibel

Es gibt für den Menschen nichts Besseres, als das Leben rundum zu bejahen und sich daran zu erfreuen. Wenn er aber zu essen und zu trinken hat und genießen kann, so verdankt er das allein Gottes Güte. Freu dich, wenn du zu der einen Zeit richtig gut drauf bist und Tolles schaffst! Und wenn es dich zu einer anderen Zeit nicht so gut erwischt, dann mußt du wissen, daß auch diese Zeit in Gottes Plan mit dir gehört.
Und du weißt nicht, was als nächstes kommt. Während meines flüchtigen Lebens habe ich viel beobachtet. Mein Rat an dich: Treib deine Frömmigkeit nicht bis zur düsteren Lebensverneinung.
Und umgekehrt: Übertreib es auch nicht mit der Lebensbejahung – willst du dich etwa ruinieren? Sei ausgewogen und meide die Extreme! Wer Gott ernst nimmt, findet immer den richtigen Weg. Der Sinn aller Dinge ist so fern und so tief verborgen. Wer kann ihn ergründen? *(Prediger Salomo, Kapitel 3 und 7)*

In Gottes Augen ist nichts sinnlos. Darum frage nicht: „Wozu ist das und das gut, wozu nützt es?" Denn alles, was Gott schuf, hat seinen Zweck. Von allem, was Gott gemacht und uns mitgegeben hat, kann niemand behaupten, das eine sei schlechter als das andere.
Alles ist zu seiner Zeit sinnvoll, alles hat zum rechten Zeitpunkt seinen Wert. Darum singt ihm von ganzem Herzen und preist den Namen des ewigen Gottes! *(Jesus Sirach, Kapitel 39)*

Worte der Ermutigung

In meinem Hause wohnen zwei Schwestern.
Fragt man die beiden, wie es denn geht,
lächelt die eine: „Besser als gestern!"
Aber die andere seufzt voller Sorgen:
„Besser als morgen, besser als morgen."
(Mascha Kaléko)

Ich weiß nicht, ob das Leben mich liebt, aber Gott hat mir die Gnade erwiesen, daß ich das Leben liebe. *(Georges Bernanos)*

Ich weiß, daß das Unmögliche niemals eintreten wird. Das zu wissen, ist schon Erleuchtung. ... Es bleibt mir mein Leben, das wahre, das, welches ich lieben muß. Alles ... möchte ich jetzt annehmen. Auch mich selbst, so arm wie ich bin. *(Lucien Jerphagnon)*

In meinen Beziehungen zu Menschen habe ich herausgefunden, daß es auf lange Sicht nicht hilft, so zu tun, als wäre ich jemand, der ich nicht bin. Es hilft nicht, ... freundlich zu tun, wenn ich eigentlich ärgerlich bin. ... Es ist für mich einfacher, mich als einen unvollkommenen Menschen zu akzeptieren ... – dann ändere ich mich. *(Carl R. Rogers)*

Der Wunsch nach der Landschaft
diesseits der Tränengrenze
taugt nicht. ...
Es taugt die Bitte, ...
daß wir aus ... dem feurigen Ofen
immer versehrter und immer heiler ...
zu uns selbst
entlassen werden.
(Hilde Domin)

Ein spiritueller Mensch werden

So nicht weiter!

Ist das ein Leben! Ist das ein Leben? Tagein, tagaus laufe ich mit müden Augen und hängenden Schultern durch dieselben grauen Gassen und erhebe den Blick nie zu den Sternen. In mir ist kein wirklich lebendiger Geist mehr, der mich höherbringt, weiterbringt. Meine Antennen für das, was Leben rundum gelingen lassen könnte, sind nicht ausgefahren, sind unempfänglich für Signale eines lebendigeren Lebens. Und das macht mich schlicht und einfach unzufrieden.

Ich will nicht länger ängstlich und kümmerlich auf Sparflamme dahinvegetieren, sondern ein Mensch sein, der sich selbst, seine tiefen Entbehrungen und Bedürfnisse in aller Deutlichkeit wahrnimmt! Der deshalb zugleich eine Riesensehnsucht verspürt und einen Weg dorthin erkundet und findet, wo sie soweit wie möglich gestillt wird!

Wie aber komme ich in Verbindung mit den Quellen, die mein Leben umfassend bereichern könnten? Soll ich den Geistern folgen, die mir eine geistige Reise zu mir selbst anbieten, ein abgeklärtes Ruhen in mir selbst? So faszinierend das ist, so sinnvoll das an sich auch sein mag – es ist für mich unbefriedigend, weil es ein Rückzug aus der Welt ist, ein Drehen um mich selbst.

Und das kann doch nicht alles sein! Ich möchte ein „spiritueller" Mensch, ein vom „spiritus", vom „Geist", vom „Hauch des Lebens", geleiteter Mensch auf die Weise sein, daß dieser Geist mich nicht nur einer geistigen Wirklichkeit näherbringt, sondern zugleich dem Staub der Erde, um dort den Menschen zu helfen.

Ich fange neu an!

Ich erkenne klar meine innere Leere, spüre die große Sehnsucht in mir, lasse sie zu, leugne sie nicht, verdränge sie nicht. Meine Sehnsucht ist darauf ausgerichtet, mich, meine Welt, alle Dinge genau zu erfassen – das zu verstehen, was die Welt im Innersten zusammenhält. Suchend, experimentierend, schöpferisch, liebend folge ich der tiefsten Sehnsucht, um mich selbst zu überschreiten, mich wirklich als Mensch zu fühlen. Ich bringe mich ganz ins Spiel, bin aufmerksam für die Dinge des Lebens, beurteile umsichtig und handle verantwortungsvoll.

Ich lasse mich dabei nicht von irgendeinem, sondern vom Heiligen Geist leiten, öffne mich für sein Licht, seine Wärme. Ich brauche ihn wie die Luft zum Atmen. Er führt mich in alle Wahrheit und schenkt mir schon in dieser Welt ein Stück Erfüllung meiner Sehnsucht – der Sehnsucht nach Gott und nach Glück. Es ist der Geist der Einsicht, der Stärke, der Frömmigkeit.

Es ist der Geist, der mich in Gebet und Besinnung, durch Zweifel und Erkenntnis näher zu Gott bringt – und in der Aktion näher zu den Menschen. Es ist der Geist unendlicher Ruhe – und zugleich heiliger Unruhe, glühenden Feuers, weil er mein Gewissen formt, reinigt, am Evangelium der Liebe orientiert, mich wachrüttelt, mich inspiriert zum Einsatz für Frieden und Gerechtigkeit.

Ich übe mich ein in christliche Spiritualität, die eine betrachtende und aktive Lebenseinstellung mit Kopf und Herz ist. Sie läßt wahres Menschsein gelingen, sie befreit mich an Leib, Geist und Seele.

Impulse aus der Bibel

Was kein Auge jemals gesehen, kein Ohr jemals gehört hat, was kein Mensch sich vorstellen kann – das hält Gott für die bereit, die ihn lieben. Uns hat Gott dieses Geheimnis enthüllt durch den Heiligen Geist, den er uns gegeben hat. Denn der Geist kennt alles, auch die verborgensten Absichten Gottes, die Tiefen der Gottheit. Wir haben nicht den Geist dieser Welt erhalten, sondern den Geist Gottes. Darum können wir erkennen, was Gott uns geschenkt hat.
Ich komme nun zu den Fähigkeiten, die der Heilige Geist schenkt. Es gibt verschiedene Gaben, doch sie stammen alle vom selben Geist. Wie auch immer sich die Gaben des Heiligen Geistes beim einzelnen zeigen – sie sind stets dazu bestimmt, daß alle gemeinsam etwas davon haben.
Dem einen ist die Fähigkeit geschenkt, im rechten Moment das richtige Wort zu finden. Ein anderer erkennt durch den Heiligen Geist ganz klar Gottes Willen. Wieder anderen schenkt Gott durch seinen Geist unerschütterliche Glaubenskraft oder die Gabe, Kranke zu heilen. *(1. Brief des Paulus an die Korinther, Kapitel 2 und 12)*

Glaubt nicht jedem beliebigen Geist, sondern prüft genau, ob es der Geist Gottes ist. Gott gibt uns Anteil an seinem Heiligen Geist. Und deshalb wissen wir, daß wir tief mit Gott verbunden sind und er mit uns. Wir haben erkannt: Gott ist Liebe. Wer in dieser Liebe lebt, der lebt in Gott und Gott lebt in ihm. Wir wollen lieben, weil Gott uns zuerst geliebt hat. Und wer Gott liebt, sich auf ihn ausrichtet, der muß sich zugleich auf den Nächsten ausrichten, ihn lieben. *(1. Brief des Johannes, Kapitel 4)*

Worte der Ermutigung

Die tiefste Erfahrung von sich selbst, zu der der Mensch ... vordringt, lautet nicht Freiheit, sondern Ohnmacht. Die tiefste Erfahrung vom Gelingen menschlichen Lebens ist nicht eine Erfahrung von eigener Macht, sondern von Gottes Gnade. Die tiefste Erfahrung des Menschen ist nicht der Mensch, sondern Gott. *(Carl Friedrich von Weizsäcker)*

In den Augen aller Menschen wohnt ein unstillbares Begehren, ... in den Blicken der Kinder und Greise, ... in den Augen des Mörders ... und des Heiligen: in allen wohnt der gleiche Funke unstillbaren Verlangens ... nach Glück ... ohne Ende. Dieser Durst, den alle Menschen spüren, ist die Liebe zu Gott. *(Ernesto Cardenal)*

Ein geistliches Leben ist einfach ein Leben, in dem all unser Tun aus der Mitte kommt, wo wir in Gott verankert sind: ein Leben, völlig durchtränkt vom Wachsein für Seine Wirklichkeit und Berufung ... – dazu berufen, etwas vom Heiligen Geist zu verkörpern. ... Jede geistliche Möglichkeit bedeutet sowohl eine Gabe wie eine Aufgabe Gottes an uns. *(Evelyn Underhill)*

Was draußen geschieht, wird von innen her gelenkt und beurteilt; das Innere wird von draußen her gerufen, geweckt, gespeist. Wenn wir uns fragen, welcher Mensch in dieser Hinsicht als wohlgeschaffen anzusehen sei, dann lautet die Antwort: Der, in dessen Leben diese beiden Pole im richtigen Verhältnis zur Auswirkung kommen; der sich weder draußen verliert noch drinnen verspinnt. *(Romano Guardini)*

Bete und arbeite! *(Benedikt von Nursia)*

Gastfreundlich zu Fremden sein

So nicht weiter!

Hinsichtlich der Fremden in meiner Umgebung verhalte ich mich öfters engstirnig und frostig. Zum Beispiel, wenn ich türkische Frauen mit Kopftüchern im Einkaufsladen sehe oder Schwarzafrikaner auf der Parkbank. Da kriecht dann bei mir durchaus so etwas hoch wie Unbehagen, Vorurteile, Bedrohungsgefühle, Eiseskälte.

Dieses Unbehagen ist mir aber zugleich selbst wieder unbehaglich. Denn ich weiß um die Heiligkeit des Gastrechts – und ich weiß, daß ich am Ende meines Lebens darüber Rechenschaft ablegen muß, ob ich den fremden Menschen, den Ausländer gastfreundlich aufgenommen, dem Hungrigen zu essen gegeben und den Nackten bekleidet habe. Deshalb versuche ich angestrengt, meine schlimmen Vorurteile und Ängste zu unterdrücken – doch das macht sie nur größer.

Meine Zerrissenheit wird mir auch bewußt, wenn ich in den Nachrichten von Parolen wie „Ausländer abschieben" oder „Grenzen dichtmachen" höre. So ganz klammheimlich nicke ich ein bißchen dazu. Doch gleichzeitig schäme ich mich hierfür – und mein schlechtes Gewissen wird noch bestärkt durch die nächste Meldung, daß die Kirchen einen normalen menschlichen Umgang mit Fremden anmahnen und Kirchengemeinden unter Berufung auf Jesus Asylanten Schutz vor Abschiebung gewähren. Nicht zuletzt weiß ich, daß fremde Sitten und Gebräuche ja auch Bereicherung für mich sein können. Ich bin hin- und hergerissen.

Ich fange neu an!

Wenn Fremdes zunächst mal Angstgefühle und Vorurteile auslöst, dann stehe ich dazu, versuche aber, solch dumpfen Gefühlsballast abzuwerfen: Ich sehe den Fremden als Geschöpf Gottes – als Bruder, als Schwester, mit gleicher menschlicher Würde wie ich. Und ich versuche, soweit mir möglich, die Person näher und besser kennenzulernen.

Außerdem: Ich bin zur Liebe berufen. Und Nächstenliebe ist in erster Linie eine Sache des konkreten Tuns, nicht des Gefühls, also nicht gebunden an Abneigung oder Zuneigung. Selbst wenn ich abwehrende Gefühle nicht ganz wegkriegen sollte – ich unterstütze tatkräftig jeden Mitmenschen, behandle den fremden so freundlich, so normal wie den einheimischen.

Konkret kann ich politisch wie im persönlichen Kontakt zur Eingliederung fremder Menschen beitragen: daß sie gleichbehandelt werden und sich heimisch fühlen – ohne ihre Eigenart zu verlieren. Natürlich gibt's auf seiten der Fremden ebenfalls Abwehrversuche, ängstliches Sich-Abkapseln – und auch da sollte ich um der Liebe willen aktiv werden, Klartext reden, auf Fehlverhalten hinweisen und Hindernisse für ein gutes Zusammenleben ausräumen helfen.

Und schließlich: Wenn ich weiß, daß ich selbst Gast und Fremder auf Erden bin und meine Heimat bei Gott ist – wenn ich weiß, daß ich von der Gastfreundlichkeit, der Liebe meines Gottes lebe und von Christus angenommen bin, dann werde ich, der Fremde, gleicherweise den Fremden in meinem Land und Umkreis gastfreundlich begegnen.

Impulse aus der Bibel

Die Gesandten Gottes kamen nach Sodom. Lot verneigte sich
vor ihnen und sagte: „Mein Haus steht euch offen, seid meine
Gäste!" Und er ließ ein Essen für sie bereiten. In der Zwischen-
zeit hatten die Männer Sodoms das Haus umstellt und brüll-
ten: „Gib uns die Fremden raus! Wir wollen ihnen Gewalt
antun!" Lot rief: „Begeht kein solches Verbrechen! Laßt die
Männer in Ruhe! Sie sind meine Gäste, sie stehen unter
meinem Schutz!"
Und dies sind die Weisungen des Ewigen, des Gottes Israels:
Unterdrückt nicht die Fremden, die bei euch leben! Behandelt
sie genau wie euresgleichen. Liebt die fremden Mitbürger wie
euch selbst. Denkt daran, daß ihr ebenfalls Fremde wart,
damals in Ägypten! Und auch das Land, wo ihr jetzt wohnt,
gehört nicht euch, sondern mir, eurem Gott. Ihr, die Israeliten,
lebt bei mir als Fremde und Gäste, denen ich das Land zur
Nutzung überlassen habe. Für die Einheimischen und die
Fremden, die bei euch leben, gilt dasselbe Recht. Vor mir sind
alle Menschen gleich, für mich gibt es keinen Unterschied
zwischen einem Israeliten von Geburt und einem, der in Israel
Aufnahme findet. Feiere deine Feste, genieße das Gute und laß
auch den Fremden daran teilhaben! *(1. bis 5. Buch Mose)*

Wetteifert in der Gastfreundschaft! Nehmt euch gegenseitig so
an, wie Christus euch ohne Vorbehalt angenommen hat.
Dadurch wird Gott geehrt. *(Brief des Paulus an die Römer,
Kapitel 12 und 15)*

Worte der Ermutigung

„Dieser ist einer von den Unsrigen oder ein Fremder", so rechnen die Menschen von niederem Sinn; Menschen von edler Handlungsweise betrachten die ganze Erde als ihre Familie. *(Aus dem Hinduismus)*

Für den Christen gibt es keinen fremden Menschen. Der ist jeweils der Nächste, den wir vor uns haben und der unser am meisten bedarf; gleichgültig, ob er verwandt ist oder nicht, ob wir ihn mögen oder nicht, ob er „moralisch würdig" ist oder nicht. *(Edith Stein)*

Angst läßt Menschen zu Fremden werden, die eigentlich Freunde sein sollten. *(Shirley McLaine)*

Brich dem Hungrigen dein Brot.
Die im Elend wandern,
führe in dein Haus hinein;
trag die Last des andern.
Brich dem Hungrigen dein Brot,
du hast´s auch empfangen.
Denen, die in Angst und Not,
stille Angst und Bangen.
(Martin Jentzsch)

Das ist aller Gastfreundschaft tiefster Sinn, daß einer dem anderen Rast gebe auf dem Weg nach dem ewigen Zuhause. *(Romano Guardini)*

Frieden mit der Vergangenheit machen

So nicht weiter!

Meine Vergangenheit mit ihren Tiefen und Höhen gehört zu mir. Daran führt kein Weg vorbei. Aber daß die Tiefen, insbesondere schmerzliche und frustrierende Kindheitserlebnisse, mir bis heute unheilvoll nachhängen, das will ich nicht länger! Ich möchte im Frieden mit meiner Vergangenheit leben! Statt dessen hindern dunkle Schatten des Gestern mich bis heute an einem rundum freien, selbstbewußten Leben.

Bei allem Guten – es gibt keine Eltern, keine Erzieher, die an Kindern nicht auch manches vermurksen. Und das schleppe ich unbearbeitet mit mir herum.

Noch immer lege ich es darauf an, mir das Wohlgefallen anderer durch Bravsein zu erkaufen, mache mich abhängig von den Wünschen anderer. Ich habe Angst davor, auf die Wünsche anderer „ungehorsam" zu reagieren – in meinem Kopf steckt nach wie vor der erhobene Zeigefinger, der saure Blick wegen „Unartig-Sein".

Im Kopf stecken sie noch, die strengen Vorschriften, die vorwurfsvollen Sprüche: „Richte dich gefälligst nach meinem Wunsch!" – oder: „Kannst du denn nicht einmal was vernünftig machen?" – oder: „Du Taugenichts!" Das hindert daran, wirklich den eigenen Weg und Willen zu finden, und fördert die Tendenz, sich selbst dauernd zu kritisieren und auf nichts so richtig stolz zu sein.

Und die falschen Sprüche habe ich verinnerlicht: „Ich tauge nichts!" Die Vergangenheit hat noch schädliche Macht über mich – weil ich ihr Negatives aus verständlicher, doch schädlicher Angst zu lange verdrängt und alles verklärt habe.

Ich fange neu an!

Verdrängen schadet, Verklären ist Selbstbetrug. Ich blicke trotz Angst offen zurück – um Impulse für Veränderungen zu finden. Es geht nicht darum, anderen alle Schuld in die Schuhe zu schieben und mich selbst zu bemitleiden als armes Opfer – das wäre unfair und hielte mich auch in der passiven Rolle.

Der Blick zurück kann heftige Wut auslösen. Doch die darf nicht andauern – solange ich Wut auf die früheren Erziehungspersonen habe, bleibe ich in kindlicher Abhängigkeit, bündele meine Kräfte negativ auf die Auseinandersetzung mit damals. Ich setze meine dunklen Gefühle lieber in positive Energie um. Ich beginne, mich zu verändern, innerlich erwachsen zu werden, zu reifen. Gottes lebenspendender Geist unterstützt mich dabei.

Hinderliche Kindheitsprägungen lege ich ab. Klappt das nicht, nehme ich sie bewußt an und mache mehr aus mir. Vergangenes bestimmt mich nicht mehr – ich bestimme selbst! Im Kopf lasse ich die früheren Autoritäten zu machtlosen Mini-Menschen zusammenschrumpfen – das entkrampft. Sprüche wie „Ich tauge nichts!" ändere ich um in: „Ich kann sehr viel!" Statt nachtragend zu sein, bin ich nachsichtig angesichts eigener Fehler. Und: Wurden die Eltern, die Erzieher nicht selbst ungünstig erzogen?

Eltern, die ihre Kinder lieben, hätten sie gern als freie Menschen. Wenn das der Maßstab ist – dann heißt für mich, die Eltern ehren: frei und eigenständig werden, mich ganz annehmen und so mich selbst ehren – und Frieden schließen mit den Eltern, mit mir und meinem Gestern.

Impulse aus der Bibel

Dunkle Bande hielten mich gefangen, engten mich ein, Wellen
der Traurigkeit schlugen über mir zusammen. Da streckte mir
Gott seine Hand entgegen und half mir aus den Fluten. Er
befreite mich aus der Gewalt dunkler Mächte.
Gott, du machst meine Finsternis hell, mit dir gehe ich gegen
das Dunkel an, mit dir überspringe ich jede Mauer! Du gibst
mir Kraft zum Kampf gegen alles Bedrückende, du ebnest meinen Weg. Du hilfst mir, die Hindernisse fortzuräumen – vor
mir liegt ein freies, weites Land! So ist mein Gott – der mir den
Sieg über alles Bedrückende gibt und mich aus aller Einengung
befreit! *(Psalm 18)*

„Du sollst deinen Vater und deine Mutter ehren" – dies ist ein
Hauptgebot, und es ist mit einer Verheißung verbunden:
„... damit es dir gut geht und du lange auf dieser Erde lebst." Ihr
Eltern wiederum, behandelt eure Kinder nicht ungerecht!
Sonst fordert ihr sie zum Widerspruch heraus. Erzieht sie in
Wort und Tat so, wie es der Liebe zu Christus entspricht.
(Brief des Paulus an die Epheser, Kapitel 6)

Worte der Ermutigung

Liegt dir Gestern klar und offen,
wirkst du heute kräftig frei,
kannst auch auf ein Morgen hoffen,
das nicht minder glücklich sei.
(Johann Wolfgang von Goethe)

Enttäuschungen sollte man verbrennen, nicht einbalsamieren.
(Mark Twain)

Ehe man seine Vergangenheit nicht erträgt, ist die Vergebung
nicht recht geglaubt. *(Jochen Klepper)*

Die Friedensstifter sind nicht ... Beschwichtiger, die das
Krumme gerade sein lassen, sondern Fordernde, geborene
Kämpfer. *(Adrienne von Speyr)*

Wenn aus der Ohnmacht
die Verheißung bricht, ...
wenn deine Skepsis zum
befreiten Lachen wird –
dann ist
in deinen Zelten
Gott
selbst zu Gast.
(Klemens Jockwig)

Langeweile sinnvoll bewältigen

So nicht weiter!

Raus aus dem Alltag – Freizeit, Urlaub – keine Arbeit mehr, Erholung! Tolle Sache! Läuft´s wirklich so toll? Denn das Fehlen von Arbeit bedeutet für mich erstmal Mangel an Abwechslung, sprich: Langeweile. Ich habe schlicht und einfach Langeweile – weiß nicht, womit ich mir die Zeit vertreiben soll – weiß nicht, was ich mit mir selbst anfangen soll. Die freie Zeit wird mir zur Last, macht mich traurig, wenn nicht sogar verzweifelt. Genau das sind die Merkmale der Langeweile. Pause von der Arbeit bedeutet also nicht automatisch Entspannung, sondern kann zur Belastung werden.

Ich habe Angst davor und versuche, es zu verhindern – und falls es tatsächlich passiert, will ich alldem nicht hilflos ausgeliefert sein. Deshalb verplane ich meine freie Zeit von vorne bis hinten, stopfe sie mit Aktivitäten voll.

Beispiel Urlaub: Ein geruhsames Entspannen ohne großes Programm ist einfach nicht drin. Aus Angst, in lähmende Traurigkeit zu verfallen, verbringe ich Erlebnisurlaube, betäube mich, lenke mich andauernd ab, unterdrücke meine Angst und Traurigkeit und bin am Ende vor lauter Streß kaputter als vor dem Urlaub. Ich fliege auf Aktivitäten und fliehe vor mir selbst – von Entspannung keine Rede.

Die Last der Langeweile, meine Traurigkeit und das Gefühl, alldem hilflos ausgeliefert zu sein, nehmen durch mein Fliehen und Verdrängen nicht ab, sondern wachsen sogar. Natürlich hat Langeweile was Trauriges, Angstmachendes, aber es ist falsch, davor zu flüchten.

Ich fange neu an!

Mit der Angst vor der Langeweile fertig zu werden, unter der Last der Langeweile nicht zu verzweifeln, mich ihr nicht hilflos ausgeliefert zu fühlen – dazu habe ich verschiedene Möglichkeiten. Ein ganz entscheidender Weg ist der, daß ich meiner Langeweile, meinem Frust standhalte, sie nicht verdränge, ihnen klar ins Auge schaue, sie bewußt durchleide. So bin ich ihnen nicht hilflos ausgeliefert.

Das ist nicht einfach und verlangt Übung, doch es lohnt. Auf diesem Weg nehme ich meine Ängste und meinen Schwermut wahr, stelle mich ihnen – und tue im selben Moment nichts anderes, rein gar nichts. Und das bringt mich mir selbst ganz nahe, hilft meiner Entfaltung, führt letztlich zu Entspannung.

Ein anderer Weg besteht in kleineren Tätigkeiten und Vergnügungen, die mir am Herzen liegen – sportliche, schöpferische, handwerkliche, genießerische, solidarische. Aktivität ohne Übertreibung – Aktivität, in der ich aufgehe. Auch das befreit mich vom Gefühl des Ausgeliefertseins, läßt mich mir selbst näher kommen, entspannt mich.

Ein dritter Weg: Für Gott offen werden, mich auf ihn besinnen, mich in seiner Liebe geborgen wissen. Alle drei Wege gemeinsam bringen mich dahin, freie Zeit sinnvoll zu gestalten und sinnvoll mit der Langeweile umzugehen, ohne mich ihr ausgeliefert zu fühlen – ja, sie sogar als Chance zu nutzen.

Ich durchstehe mein Unwohlsein, gehe zudem in kleineren Aktivitäten auf, freue mich meines Gottes, finde näher zu Gott, zu mir, zum Nächsten, finde entspannte Augenblicke, Muße, Frieden, Kraft.

Impulse aus der Bibel

Der Heilige, der Gott Israels, spricht zu euch: „Kehrt um zu
mir, kommt zur Ruhe – das allein ist eure Rettung! In der
Stille und im Vertrauen wächst eure Stärke! Aber ihr wollt ja
nicht! Ihr wollt lieber auf tausend Pferden dahinfliegen. Doch
in Wirklichkeit ist euer Fliegen ein Fliehen! Ihr sagt: ‚Auf
schnellen Rennern wollen wir reiten!' Aber eure Bedränger
sind schneller, als ihr seid, sie holen euch ein!"

„Ach Herr, wende uns dein Erbarmen zu! Unsere Hoffnung
ruht auf dir! Stärke uns jeden Tag aufs neue! Hilf uns in unserer
Angst und Not!"

„Hab keine Angst, ich bin in jeder Situation bei dir! Ich stärke
dich, ich bringe dich weiter – ich, dein Gott, der dir Frieden
gibt." *(Prophet Jesaja, Kapitel 30, 33, 42, 45)*

Ich stürze mich nicht in tausend scheinbar wichtige Sachen,
sondern komme zur Ruhe, lasse es in mir still werden – und
finde dabei Frieden. Mein Herz schlägt ganz ruhig, meine Seele
fühlt sich wohl. Wie ein Kind in den Armen seiner Mutter, so
ruhe ich in dir, meinem Gott, und bin geborgen. *(Psalm 131)*

Worte der Ermutigung

Jeder Mensch hat ein bescheidenes Recht auf seine persönliche Langeweile. Langeweile ist der einzige Weg, sich in einer hektischen Welt wieder als Mensch zu fühlen. *(Siegfried Kracauer)*

Tut nichts, und alle Dinge werden durch euch geschehen. Nichtstun bedeutet in Wirklichkeit sehr viel Tätigkeit – probiert es! *(Anthony de Mello)*

Der Mangel an äußeren Verhältnissen und Verbindungen führt den Menschen auf sich selbst zurück. ... Langeweile, du bist Mutter der Musen! *(Johann Wolfgang von Goethe)*

Wer in seinen Ferien Lärm sucht, pausenlos von einem Ort zum anderen jagt, wird nicht entspannt. Ruhe und Stille sind deshalb die wichtigsten Voraussetzungen. Vielleicht wird es dann geschehen, daß wir in der Stille der Wälder ... etwas spüren und erkennen von unserem kleinen Leben und bereit werden für den Anruf eines anderen und größeren Lebens. *(Erwin Brandes)*

Nur törichte Menschen sehen im Urlaub das große Erlebnis. Ein geglückter Urlaub besteht aus lauter netten Kleinigkeiten. *(Jennifer Ward)*

Ziele und Grenzen sehen

So nicht weiter!

Nichts ist unmöglich – ich schaffe alles! Damit versuche ich es immer wieder, und damit falle ich immer wieder auf die Nase. Ich stecke mir Ziele, die ich eigentlich gar nicht erreichen kann – doch ich bin blind für meine Grenzen. Mag sein, daß ich mich auch einem Druck von außen beuge, der mich dazu anhält, Wunderwerke zu vollbringen.

Irgendwann spüre ich dann zwar meine Grenzen – ich merke, daß ich vieles nicht packe, bin müde, frustriert. Aber was mache ich? Ich lehne mich mit aller verbliebenen Kraft gegen die Grenzen auf, versuche dennoch, das gesteckte Ziel zu erreichen. Natürlich klappt es nicht, und ich bin noch verzweifelter, noch kaputter.

Ein unerreichbares Ziel ist beispielsweise, wenn ich versuche, Menschen und Dinge zu ändern, die ich überhaupt nicht ändern kann. Wenn jemand ein absoluter, unbelehrbarer Geizkragen ist, dann ist es völlig unsinnig, ihn mit aller Macht davon abbringen zu wollen. Versuche ich es trotzdem, bin ich bald schon am Ende meiner Kraft, bin wütend – und fühle mich als Versager, vielleicht auch als Opfer dieses Menschen.

Nicht nur das: Ich versuche sogar, dem anderen heimzuzahlen, daß er sich auf mein Bemühen hin nicht geändert hat – ich verstricke mich in dumpfe Rache. Mein Bemühen ändert nicht nur nichts beim Geizkragen, sondern schadet letztlich sogar meinem und seinem Wohlbefinden. Außerdem lebe ich nie richtig im Jetzt, wenn ich dauernd in einer Traumwelt schwebe und unerreichbaren Zielen hinterherjage.

Ich fange neu an!

Ich nehme mich so an, wie ich bin, wie ich von Gott angenommen und geliebt bin. Ich kann nicht alles – es gibt geistige, seelische, körperliche Hindernisse. Meine Grenzen erkenne ich und erkenne sie an. Und ich setze mir realistische Ziele. Je deutlicher ich die Grenzen sehe, um so bewußter kann ich meinen eigenen Spielraum nutzen, kann mich frei im Hier und Jetzt entfalten – ohne träumerische Hirngespinste.

Wie erkenne ich die Grenzen? Ich muß meine Fähigkeiten und Beschränkungen nüchtern einschätzen, eventuell mit Hilfe anderer. Erscheint ein Ziel erreichbar, sollte ich es kraftvoll anstreben. Mag sein, daß ich es erreiche. Mag auch sein, daß ich an meine Grenzen stoße.

Ich erkenne und spüre das an Ermüdung, Enttäuschung oder daran, daß mich etwas zur Verzweiflung bringt. Aber immerhin weiß ich dann um meine Grenzen! Und bin stolz, bis zu ihnen gekommen zu sein – sonst hätte ich nicht wirklich gelebt! Sehe ich allerdings von vornherein eindeutig, daß ein Ziel für mich unerreichbar ist, dann vergesse ich es.

Ich lerne also meine Grenzen kennen, doch ich übernehme mich nicht, indem ich mich immer wieder gegen sie aufbäume, statt sie zu respektieren. Meine Grenzen respektieren heißt allerdings nicht, daß ich mir keine hohen Ziele mehr setzen dürfte – wie arm wäre dann das Leben! Große Ziele mögen zwar auf den ersten Blick unrealistisch erscheinen, bei nüchterner Einschätzung aber scheinen sie häufig doch erreichbar zu sein – und dann heißt es für mich: mit ganzer Kraft ran!

Impulse aus der Bibel

Der Mensch, von einer Frau geboren – wie kurz sind seine Jahre, wie eingeschränkt ist sein Leben! Er blüht auf wie eine Blume und verwelkt, wie ein Schatten ist er plötzlich fort. Du, Gott, hast ihm in seinem Leben Grenzen bestimmt. *(Hiob, Kapitel 14)*

Alles andere ist für mich unwichtig, wenn ich nur Christus habe. Um ihn allein geht es mir, damit ich die Kraft seiner Auferstehung erfahre. Ich teile seine Leiden mit ihm und sterbe mit ihm seinen Tod in der Hoffnung, daß ich wie er zur Auferstehung der Toten gelange. Mir ist klar, daß ich dies alles noch lange nicht erreicht habe und noch nicht am Ziel bin. Doch ich setze alles daran, dieses Ziel zu erreichen. Ich lasse alles hinter mir und konzentriere mich nur noch auf das vor mir liegende Ziel. Mit ganzer Kraft laufe ich geradewegs dorthin, um den Sieg zu erlangen: das ewige Leben in Gottes Herrlichkeit. Zu diesem Leben hat mich Gott durch Jesus Christus berufen. *(Brief des Paulus an die Philipper, Kapitel 3)*

Worte der Ermutigung

Denken Sie nicht nur an Ihre Gaben, sondern auch an die Gefahren und die Grenzen, die Gott in seiner Weisheit in Ihrem Leben gesetzt hat. Nicht unsere Wunschträume, sondern das Wissen um die eigene Beschränkung ist der Schlüssel zur Frage nach der eigenen Identität. *(Ingrid Trobisch)*

Solange man jung ist, ... träumt man wohl oft noch ... von den unbegrenzten Möglichkeiten des eigenen Lebens, erst nach und nach, indem es sich verwirklicht, werden die Grenzen enger. ... Der Unglückliche, der leer Gebliebene, wird solche Eingrenzungen voller Angst und Traurigkeit erleben. ... Der Glückliche indessen sieht in derartigen notwendigen Beschränkungen eher die eigene Form seines Wesens reifen. *(Eugen Drewermann)*

O unerklärlichste, o Lebenszeit.
Von allen großgewagten Existenzen
kann eine glühender und kühner sein?
Wir stehn und stemmen uns an unsre Grenzen
und reißen ein Unkenntliches herein.
(Rainer Maria Rilke)

Es gibt erfülltes Leben trotz vieler unerfüllter Wünsche.
(Dietrich Bonhoeffer)

Gleichzeitig ... kam in mein Herz eine ganz neue, bis dahin unbekannte Liebe zu allem, was arm, verlassen, elend, hilfsbedürftig ist. ... Ein Leben der Liebe für andere, das war mein Ziel! *(Eva von Tiele-Winckler)*

Zuhören können

So nicht weiter!

Mit Zuhören habe ich meine Schwierigkeiten. Klar, ich höre
mir sehr häufig an, was andere sagen, und nach außen hin
mache ich sogar einen ganz passablen Eindruck, wirke auf
andere. Aber in Wirklichkeit bin ich meist unkonzentriert, mit
den Gedanken weit weg. Ab und zu schnappe ich dabei
Wortfetzen auf, gebe auch Antworten und Ratschläge – doch
das ist alles bloß oberflächlich. Meist habe ich weder ernsthaf-
tes Interesse an Leid, Sorgen, Freuden und Erlebnissen des
anderen, noch wirkliches Interesse daran, ihm angemessen zu
antworten.

Es passiert allerdings auch, daß ich mit wirklichem Interesse
zuhöre – bloß ist das dann kein Interesse am anderen
Menschen und dessen Befindlichkeit, sondern reines Eigen-
interesse – mein einziges Ziel ist es, von den Kenntnissen und
Erlebnissen des anderen zu profitieren, ihn sozusagen zu
bestehlen und daraus für mich das Beste zu machen.

Und auch anderes Hören, Hinhören, Zuhören fällt mir schwer.
Vor allem das „Hören" und „Hinhören", das Wahrnehmen in
der Stille. Konkret: das Horchen auf Gott, auf seine leise
Stimme. Und damit verbunden das Hören auf meine „innere
Stimme", das Horchen in mich selbst, auf das, was mich
drängt und umtreibt, die Wahrnehmung meiner tiefsten Sehnsucht, meiner Gefühle, auch verdrängter Gefühle.

Diese Wahrnehmung erfordert aber sehr viel Konzentration
und geduldiges Mühen. Und so sehr die Wahrnehmung entspannt: Das Empfinden verdrängter Gefühle ist unangenehm.
Deshalb drücke ich mich davor – und verpasse viel.

Ich fange neu an!

Anfangs nicht leicht: Ich muß lernen, mich zu konzentrieren, voll Aufmerksamkeit für das zu sein, was gerade passiert. Dann lebe ich ganz im Hier und Jetzt, gebe ich mich an den Augenblick hin, besser: an einen anderen Menschen, an mich selbst, an Gott. Dann höre ich auch genau zu, höre genau hin – auf andere, auf meine Gefühle, auf Gott.

Wenn ein anderer Mensch mir seine Sorgen erzählt, interessiert mich in dem Moment nur diese Schilderung, dieser Mensch. Ich nehme ihn ernst, bin mit Herz und Verstand bei der Sache, lasse ihn frei erzählen, suche mit ihm Lösungen. Ich zwinge ihn nicht in eine Richtung, doch durch mein Zuhören, meine Fragen und Ideen hat er die Chance, Frust loszuwerden und neue Wege zu finden.

Wobei wichtig ist, daß ich eben hauptsächlich zuhöre und dem anderen weiten Raum zum Erzählen lasse. Und so sehr ich mich einfühle, so sehr muß ich gleichzeitig Distanz zum anderen wahren – sonst gerate ich selbst zu stark in seinen Frust, kann keinen vernünftigen Rat mehr geben. Außerdem: Auch da, wo ich mich ein Stück einfühle, vermag ich den Frust des anderen als dessen höchstpersönliche Gefühlswelt letztlich nicht nachzuempfinden.

Und was die Stille anbelangt: Ich will sie gegen allen inneren Widerstand schätzenlernen. Gerade in der Stille höre ich Gottes leise Stimme in mir, finde seinen Frieden. Gerade die Stille macht es möglich, das Rumoren meiner verdrängten Gefühle zu spüren und zu hören, sie hochkommen zu lassen – das ist unangenehm, doch nur so kann ich sie freilassen.

Impulse aus der Bibel

Sei immer und rasch bereit zum Zuhören – aber deine Antwort laß mit Bedächtigkeit vernehmen. Verstehst du etwas von der Sache, so gib deinem Nächsten Antwort, Rat und Erklärung. Wenn nicht, dann halte lieber den Mund! *(Jesus Sirach, Kapitel 5)*

An einem der jüdischen Feiertage ging Jesus hinauf nach Jerusalem. Dort befindet sich in der Nähe des Schaftors ein Teich, der auf hebräisch Bethesda heißt. Er ist von fünf Säulenhallen umgeben. Viele Kranke lagen ständig in den Hallen: Blinde, Gelähmte und Gebrechliche. Sie warteten darauf, daß sich Wellen auf dem Wasser zeigten. Wer dann als erster in den Teich hineinstieg, der wurde gesund.

Unter denen, die dort lagen, war ein Mann, der schon seit achtunddreißig Jahren krank war. Jesus sah ihn, hörte ihm zu und erfuhr, daß er schon so lange unter seiner Krankheit litt. Da fragte Jesus ihn: „Willst du gesund werden?" Der Kranke antwortete: „Herr, ich habe niemanden, der mir in den Teich hilft, wenn sich das Wasser bewegt. Versuche ich es aber allein, komme ich immer zu spät." Jesus sagte zu ihm: „Steh auf, nimm deine Matte und geh!" Im selben Augenblick war der Mann gesund. Er nahm seine Matte und ging glücklich seines Weges. *(Evangelium des Johannes, Kapitel 5)*

Worte der Ermutigung

Zuhören ist eine leise, aber elementare Äußerung guten Benehmens. *(Thaddäus Troll)*

Was die kleine Momo konnte wie kein anderer, das war: Zuhören. ... Sie saß nur da und hörte einfach zu, mit aller Aufmerksamkeit und Anteilnahme. Sie konnte so zuhören, daß ... Unglückliche und Bedrückte zuversichtlich und froh wurden. So konnte Momo zuhören! *(Michael Ende)*

Die Ohren waren ihm auf das innigste mit der Seele verbunden, so daß er keinen Laut nur mit den Ohren allein aufnahm, sondern immer zugleich auch mit der Seele. *(Martin Buber)*

Manchmal ist mein Gebet
so wie ein Ohr,
das auf ein Echo wartet,
auf ein leises Wort,
auf einen Ruf
aus deinem Mund.
(Paul Roth)

Gott ... hat uns dahin gebracht, ... mit leeren Händen ... hineinzugehen, um von Ihm und im Hören auf Ihn und die Menschen ... zu empfangen, was sie und wir brauchen. *(Katharina Tobien)*

Farbe in den grauen Alltag bringen

So nicht weiter!

Wieder so ein Tag wie jeder andere! Am liebsten möchte ich gar nicht aufstehen. Ich ziehe mir die Decke schnell über den Kopf – ist ja doch immer dasselbe graue Einerlei: Aufstehen, Waschen, Bettenmachen, Beruf, Kochen, Spülen, Einkaufen. ... Und dann muß ich endlich doch aufstehen – die Pflicht ruft –, und das Übliche nimmt seinen Lauf.

An der Grenze zum Unerträglichen ertrage ich den Alltag, spule ihn routinemäßig runter, halbherzig, lustlos. Oft genug übernehme und überfordere ich mich auch, indem ich mir zu viel Alltagskram auflade, und dann stöhne ich zusätzlich wegen unerträglichem Streß.

Ich träume häufig davon, diesem grauen Alltag ein für allemal „Adieu" zu sagen, irgendwo auf einer Sonneninsel faul am Strand rumzuliegen – dem Alltag endgültig zu entfliehen.

Es gibt auch Zeiten, wo ich das ansatzweise schon versuche, indem ich in Schein- und Traumwelten, in Glanz, Glitter, Rausch und Betäubung abtauche. Dabei geht es nicht um ein normales Ausspannen vom Alltag, um ein Auftanken, sondern schon um eine kleine Flucht.

Das alles macht mich nicht zufrieden. Flucht vor der Wirklichkeit ist keine Problemlösung. Ganz fliehen kann ich sowieso nicht – und selbst wenn: Ob ein ewiges Faulenzen mich glücklich machen würde, ist doch sehr die Frage. Und auch da, wo ich die kleinen Fluchten unternehme, lassen sie mich letztlich leer zurück, hänge ich noch tiefer in den Problemen. Ich müßte mehr aus meinem Alltag machen!

Ich fange neu an!

Wichtig ist, daß ich die alltäglichen Tätigkeiten zu würdigen lerne. Und zwar in dem Sinne, daß ich mir immerfort klar darüber bin: Keine dieser Tätigkeiten ist nebensächlich, sondern hat in Gottes großem Plan mit mir Bedeutung – ich kann sie gar nicht hoch genug einschätzen!

Mitten im alltäglichen Tun halte ich also zugleich inne, richte meinen Blick auf Gott hin, bringe mich und meine Tätigkeit in Zuordnung zu Gott. Was gerade anliegt, ist eine von unzähligen Aufgaben an mich im Plan Gottes – und ich bin gefordert, sie zu packen, im Jetzt und Hier ganz da zu sein.

Gerade im Alltäglichen, Kleinen, kann ich mich in der Verantwortung vor Gott und Menschen einüben in Disziplin, Liebe, Freude: unbeirrt und geduldig auf ein Ziel hinarbeiten – das von mir Geschaffene froh und dankbar genießen – ohne große Sprüche den schlichten Dienst der Liebe mit Herz und Hand kraftvoll ausführen – unabhängig von Lob oder Tadel verläßlich und gut sein.

Dann hat jeder dieser Augenblicke nichts mit routinemäßiger, mürrischer Erledigung zu tun, sondern mit innerer Beglückung. Wenn ich das Alltägliche vollbringe in Besinnung auf den heiligen Gott und in Konzentration auf die Sache, dann heilige ich meinen Alltag, mache ihn wertvoll – vom Essen und Spülen bis zur Berufsarbeit.

In der Zuordnung auf Gott wird mir auch klar: Es ist nicht Gottes Wille, wenn ich mich im Alltag übernehme – das schadet mir. Ich soll mich ja in den täglichen Bewährungsproben menschlich entfalten. So kriegt der Alltag Farbe.

Impulse aus der Bibel

Es gibt nichts Besseres, als daß der Mensch seine tägliche
Arbeit mit Freude verrichtet, Freude aus ihr gewinnt, die
Früchte seiner Arbeit genießt. Das hat Gott ihm zugeteilt.
(Prediger Salomo, Kapitel 3)

Jesus sagte: „Wer in den kleinen Dingen zuverlässig und treu
ist, wird es auch in großen sein, und wer in kleinen Dingen
unzuverlässig ist, wird es auch in großen sein."
Und er fuhr fort: „Ein Fürst trat eine weite Reise an, um sich in
einem anderen Land zum König krönen zu lassen und dann
zurückzukehren. Bevor er abreiste, rief er einige seiner Leute
zu sich, gab jedem einen Geldbetrag und sagte: ‚Macht etwas
daraus, bis ich wiederkomme!'
Als er dann zurückkam, ließ er die Leute zu sich rufen, denen
er das Geld anvertraut hatte. Er wollte sehen, was sie damit
erwirtschaftet hatten.
Einer kam und sagte: ‚Ich habe das Zehnfache deines Geldes als
Gewinn erwirtschaftet!' Der König antwortete: ‚Sehr gut! Weil
du in so kleinen Dingen zuverlässig warst, vertraue ich dir viel
Größeres an!' Ein anderer kam und sagte: ‚Ich habe dein Geld
gut aufgehoben, ohne es gewinnbringend anzulegen. Bestimmt
hättest du mir den Gewinn wieder abgenommen!' Da wurde
der König zornig und sagte: ‚Wer das, was er hat, gewissenhaft
nutzt, der wird noch mehr bekommen. Wer aber mit dem
Wenigen, den kleinen Dingen nachlässig umgeht, dem wird
man auch das noch nehmen!'" *(Evangelium des Lukas, Kapitel
16 und 19)*

Worte der Ermutigung

Laß ruhig den Alltag Alltag sein. Er muß unversüßt und unidealisiert bestanden werden. Dann nur ist er gerade das, was er für den Christen sein soll: der Raum des Glaubens, die Schule der Nüchternheit, die Einübung der Geduld, die heilsame Entlarvung der großen Worte und der unechten Ideale, die stille Gelegenheit, wahrhaft zu lieben und getreu zu sein, die Bewährung der Sachlichkeit, die der Same der letzten Weisheit ist. ... Das Kleine ist die Verheißung des Großen.
(Karl Rahner)

(Gott) ist euch auch in der Küche bei den Kochtöpfen nahe.
(Theresia von Avila)

Ich sehe das Bild meines Vaters vor Augen. Vor vielen Jahren hat er noch von Hand die Körner des Weizens in die gelockerte Ackererde gesät. Das war so etwas wie eine Zeremonie mit Andacht, denn er betete leise dazu. ... So arbeiteten Leib und Seele zusammen und glaubten im gleichen Atemzuge.
(Frieda Krieger)

Ja, ich glaub an einen Schöpfer,
der vollkommen ist und gut
und im schlichten Taggeschehen
wahllos seine Wunder tut.
(Isolde Lachmann)

Wer gesammelt in der Tiefe lebt, sieht auch die kleinen Dinge in großen Zusammenhängen. *(Edith Stein)*

Festlich feiern

So nicht weiter!

Feiern, Feste feiern, das ist nicht so ganz meine Sache. Wie soll und kann ich fröhlich feiern angesichts von Mord und Unfällen, von Hunger und Not in der Welt? Deshalb lassen Feste wie Weihnachten oder Ostern mit an sich befreiender Botschaft trotzdem keine Freude bei mir aufkommen. Natürlich kann ich mich vor Festen nicht völlig drücken – da gibt's Anlässe im Familien- und Bekanntenkreis: Geburtstage, Hochzeiten, Taufen.

Oder auch eben Weihnachten und Ostern, die inzwischen weithin in völlig verweltlichte Familienfeiern ausgeartet sind und deren Brimborium ich mich kaum entziehen kann. Ganz komme ich also nicht drum herum. Ich versuche ja auch, es einigermaßen gut über die Bühne zu bringen – und bin doch jedesmal heilfroh, wenn's vorüber ist und ich vorerst nichts mehr damit zu tun habe.

Aber leider passiert's heute immer häufiger, daß Leute keinen Anlaß zum Feiern auslassen. Da wird dann die neue Polstergarnitur ebenso gefeiert wie der erste Zahn des Sprößlings – eine Endlos-Party, die auch für mich zum Streß wird, weil ich dauernd „verpflichtenden" Einladungen folgen muß.

Und doch: Ganz ohne Feiern würde mir was fehlen – ich würde versauern. Ohne Feste, ohne Freude fehlte mir Kraft, ginge mir Menschlichkeit verloren. Und ein bißchen ist mir schon verlorengegangen, weil ich mich möglichst vom Feiern fernhalte und es, wenn unumgänglich, ohne großes Engagement betreibe. Vielleicht hilft's mir ja auf die Sprünge, wenn ich neue Zugänge zum Feiern finde.

Ich fange neu an!

Auch wenn ich um Katastrophen weiß und sie nicht verharmlose – ich will und kann dennoch feiern: Trotz aller Widrigkeiten und scheinbaren Sinnlosigkeit baue ich darauf, daß Welt und Leben, mein Leben, einen abgrundtiefen Sinn haben, geborgen, gesegnet sind.

Gerade in den religiösen Festen sage ich „Ja" zum göttlichen Grund der Welt, gebe Gott die Ehre, feiere seine Liebe, feiere mein Leben als sein Geschenk. Und ich kann und darf nicht nur, sondern muß feiern, damit mir Kraft fürs Gute zuströmt – Kraft aus allem, was ein Fest ausmacht: Freude des Augenblicks – Erinnerung – Hoffnung – menschliche Gemeinschaft – Frömmigkeit – leibliche Genüsse – bunte Farben – Musik – Tanz.

Das Fest, so auch der Sonntag, versöhnt mich wieder mit dem Alltag, ergänzt ihn sinnvoll. Ich sollte aufpassen, daß es bei dieser Trennung und Ergänzung bleibt. Denn wenn ich den Alltag ebenfalls zum Fest mache, dann zeigt das, wie wenig ich mit dem Alltag zurechtkomme und wie sehr ich ihn deshalb verdränge.

Außerdem führt so ein Dauer-Feiern zu Erschöpfung und Leere. Ich hüte mich deshalb, den Alltag zum Fest umzufunktionieren – und hüte mich umgekehrt, nur den Alltag zu leben und das Feiern zu verdrängen. Also: Festtag getrennt vom Alltag und doch nicht losgelöst von ihm, sondern ihn ergänzend.

Auch wenn es bei der Trennung von Alltag und Feiertag bleibt: Für mich als glaubenden Menschen ist letztendlich doch jeder Tag ein Fest, weil ich schon jetzt unentwegt teilhabe am himmlischen Fest des Lebens.

Impulse aus der Bibel

Dankt dem Herrn, denn er ist gut zu uns, seine Liebe hört niemals auf! Das Volk Gottes stimmt Freudenrufe und Siegeslieder an: „Gott vollbringt Großes!" Ich werde nicht sterben, sondern leben und Gottes Wunder verkünden. Du, Herr, hast mich befreit!
Diesen Tag hat Gott zum Festtag gemacht – laßt uns fröhlich sein und jubeln! Schenk uns, Herr, Gelingen! Der Herr allein ist Gott, er schaut uns freundlich an. Bekränzt die Feier mit einem Schmuck aus grünen Zweigen, umtanzt in festlichem Reigen den Altar!
Du bist mein Gott, dir will ich danken, dich allein will ich preisen. Dankt dem Herrn, denn er ist gut zu uns, seine Liebe hört niemals auf! *(Psalm 118)*

Blas keine Trübsal, schade dir nicht selbst durch unnützes Grübeln! Freude, Fröhlichkeit, Feiern verlängern das Leben des Menschen, machen es lebenswert. Überrede dich selbst zur Freude, sprich dir Mut zu, verjag den Trübsinn, denn er hat keinen Wert. Ein fröhliches Herz sorgt für guten Appetit und gute Verdauung. *(Jesus Sirach, Kapitel 30)*

Worte der Ermutigung

Seinem innersten Wesen nach ist der Mensch ein Geschöpf, das nicht nur arbeitet und denkt, sondern auch singt, tanzt, betet, Geschichten erzählt, feiert. Wo aus einer Kultur die Festlichkeit verschwindet, ist etwas allgemein Menschliches in Gefahr. *(Harvey Cox)*

Ein Leben ohne Feste ist eine weite Reise ohne Gasthaus. *(Demokrit)*

In jede hohe Freude mischt sich eine Empfindung der Dankbarkeit. *(Marie von Ebner-Eschenbach)*

Die Frauen schlagen die Festtrommeln, die die Feier beleben. Sie tanzen und spielen und feuern alle mit Lobgeschrei an vor dem Angesicht Jesu. *(Afua Kuma)*

Der auferstandene Christus macht das Leben des Menschen zu einem ununterbrochenen Fest. *(Athanasius)*

Disziplin in mein Leben bringen

So nicht weiter!

Es gibt Tage, in die ich ziel- und haltlos hineinlebe. Und an anderen Tagen lasse ich mich nach der Arbeit einfach so gehen. Richtig zufrieden macht mich all das nicht. Klar, ich bin während meiner täglichen Routinetätigkeit genug disziplinierenden Einschränkungen unterworfen, finde sie teilweise ätzend.

Aber muß ich dann anschließend ins genaue Gegenteil verfallen? Daß ich mich nämlich über die Maßen disziplinlos verhalte, mich x-beliebig hinlege und wieder aufstehe, über die Maßen esse, trinke, fernsehe, faulenze? Nichts Besonderes mehr erreiche, weil ich schlampig bin? Meine mitmenschlichen Beziehungen kaputtgehen sehe, weil ich mich nicht mehr konsequent um Menschen bemühe? Disziplin, Selbstdisziplin, das würde mir schon guttun!

Aber bei diesem Gedanken wird mir gleich wieder mulmig. Zum einen habe ich doch eh bereits genug disziplinierende Einschränkungen. Zum andern fallen mir unheilvolle, lebenseinengende Formen der Disziplin ein: eiskalte Strenge, Ordnung über alles um der Ordnung willen, brutale Zucht, Härte gegen sich selbst, Arbeit bis zum Exzeß. Gerade autoritäre Systeme pressen Menschen gern in ein solches Zwangskorsett und nehmen ihnen dadurch freie Luft zum Atmen.

Vor solcher Disziplin ist mir angst und bange, und eine abgeschwächte Form davon erlebe ich ja im Berufsalltag. Es ist schon ein Kreuz mit der Disziplin – zuviel davon finde ich furchterregend, zuwenig Disziplin bekommt mir ebenfalls nicht.

Ich fange neu an!

Ich will versuchen, mir auf unspektakuläre, lebensfreundliche Weise Disziplin, Ordnung anzugewöhnen. Statt Disziplin mit Vorstellungen wie Sklaventreiberei und Peitsche zu verbinden, will ich Sinnvolles darunter verstehen und es verwirklichen. Zum Beispiel, daß ich nichts im Übermaß mache, sondern Maß halte, etwa beim Fernsehen oder Essen. Daß ich mir einen regelmäßigen Tagesrhythmus angewöhne, zu dem auch feste Gebetszeiten gehören und schöpferische Pausen.

Daß ich beharrlich und geduldig auf die guten Ziele hinarbeite, die ich mir setze – und daran glaube, sie zu erreichen. Daß ich die täglich gleichen, scheinbar unbedeutenden Verrichtungen bewußt und in der Ausrichtung auf Gott als etwas Wertvolles erledige. Ja, daß ich in allem, was ich mache, konzentriert bei der Sache bin.

Wenn ich mich so in Disziplin einübe, trotz anfänglicher Widerstände, werde ich schon bald ein gutes Gefühl haben und diese Art Selbstdisziplin mögen. Ich lasse sie in jedem Bereich meines Lebens zur Anwendung kommen – wo ich mich auf etwas vorbereite, aber auch, wo ich etwas erreicht habe und darin noch besser werden will. Die Liebe, das Essen, der Sport, das Gebet – mein ganzes Leben braucht Disziplin.

Ausdauer, Regelmäßigkeit, Konzentration und Vertrauen sind Kennzeichen einer gesunden, lebensfreundlichen Disziplin. Ohne Disziplin ist mein Leben, sind meine Beziehungen zu Menschen alles andere als freundlich und harmonisch, sondern ein einziges Durcheinander.

Impulse aus der Bibel

Wer keine Selbstbeherrschung hat, geht vor die Hunde – er kommt um durch seine bodenlose Dummheit. *(Sprüche Salomos, Kapitel 5)*

Ihr wißt doch: Von allen Läufern, die im Stadion zum Wettlauf starten, bekommt nur einer den Preis, den Siegeskranz. Darum lauft so, daß ihr diesen Sieg erlangt! Alle, die an einem Wettkampf teilnehmen wollen, üben Selbstdisziplin und verzichten auf vieles, um zu siegen. Sie tun es für einen vergänglichen Ruhm.

Wir dagegen kämpfen um einen Preis, der unvergänglichen Wert hat. Ich weiß genau, wofür ich mich einsetze. Ich laufe wie einer, der das Ziel erreichen will. Darum kämpfe ich wie jemand, dessen Schlag nicht ins Leere geht.

Ich schränke mich bewußt und teilweise erst einmal schmerzhaft ein, um die Kontrolle über mich nicht zu verlieren. Denn ich will nicht andere zum Wettlauf auffordern und selbst untauglich sein oder versagen.

Ihr meint: „Alles ist erlaubt – wir können uns einfach so gehenlassen!" Ich antworte darauf: Aber nicht alles, was erlaubt ist, ist auch gut für euch und andere! *(1. Brief des Paulus an die Korinther, Kapitel 9 und 10)*

Worte der Ermutigung

Ordnung um der Ordnung willen beschneidet den Menschen seiner wesentlichen Kraft, der nämlich, die Welt und sich selbst umzuformen. *(Antoine de Saint-Exupéry)*

Nicht zuviel Selbstbeherrschung! Man muß der Seele die Gnade ihrer Regungen lassen! Die Gnade ist Freiheit.
(Marie Noël)

Wer mit dem Leben spielt,
kommt nie zurecht.
Wer sich nicht selbst befiehlt,
bleibt immer ein Knecht.
(Johann Wolfgang von Goethe)

Die eine Hälfte des Lebens ist Glück, die andere ist Disziplin – und die ist entscheidend, denn ohne Disziplin könnte man mit seinem Glück nichts anfangen. *(Carl Zuckmayer)*

Zeiten der Ordnung sind die Atempausen des Chaos.
(Walter Hilsbecher)

Geduldig sein

So nicht weiter!

Wenn ich nicht unverzüglich das bekomme oder erreiche, was ich will, dann werde ich nervös, ungeduldig, ärgerlich. Ich habe eine neue Wohnungseinrichtung bestellt, auf die ich mich freue – doch der Liefertermin verzögert sich. Oder der Handwerker erledigt eine Angelegenheit nicht gleich so, wie ich es mir wünsche.

Oder ich setze mir das Ziel, schlank zu sein – und das klappt natürlich nicht von einem Tag auf den anderen. Oder Gott reagiert auf Wünsche von mir nicht sofort. Am liebsten wäre mir, alle Wünsche würden wie von Zauberhand auf der Stelle wahr! So verlockend das auch sein mag – in der Wirklichkeit geht bei weitem nicht alles gleich in Erfüllung. Häufig gibt's eine Spannung zwischen meinen hehren Wünschen und Zielen und der rauhen Wirklichkeit. Diese Spannung erzeugt Ungeduld, Frust, Ängste – das ist ganz normal und zugleich kein schöner Zustand für mich!

Und dann kommen noch Leute, die meine Ungeduld bemerkt haben, und raten mir: „Nun sei mal etwas geduldiger!" Solche Sätze bringen mich entweder in Rage – oder ich lasse mich drauf ein und versuche, meine Ungeduld zu verdrängen, zu überspielen.

Meist klappt das nicht. Manchmal allerdings schaffe ich es, mich äußerlich am Riemen zu reißen – bloß: Innerlich kocht es weiter. Verdrängen bringt nichts. Doch was tun? Soll ich dauernd mit meiner Ungeduld, mit den negativen Gefühlen leben? Der Ungeduld gegenüber Gott, gegenüber den Mitmenschen und mir selbst? Bloß das nicht!

Ich fange neu an!

Geduld will gelernt sein. Das heißt zunächst, mich der Spannung zwischen Wünschen und Wirklichkeit zu stellen, sie auszuhalten. Es ist nun mal so: Nicht jeder Wunsch wird gleich erfüllt, natürlich macht mich das erst mal unzufrieden. Ich nehme mich so an, wie ich bin, verdränge Frust und Ungeduld nicht – versuche aber auch, mehr aus mir zu machen.

Entscheidender Lernschritt zur Geduld ist, daß ich mich vertrauensvoll und gelassen einfüge in Gottes guten Plan mit mir und der Welt. Daß ich weiß: Meine Wünsche und Ziele, von deren Rechtschaffenheit ich überzeugt bin, finden ihre Erfüllung – manchmal anders als erwartet, doch immer mir zugut. Und manchmal zu einem anderen Zeitpunkt – nämlich nicht sofort.

Aber der Zeitpunkt des Guten kommt auf jeden Fall – so, wie von Gott gewollt. Vertrauensvoll und gelassen warte ich darauf. Und nutze die Wartezeit aktiv, indem ich selbst beharrlich tätig bin auf dem Weg zum Ziel. Denn Gottes Plan und Hilfe enthebt mich nicht eigener Verantwortlichkeit für die Verwirklichung des Guten.

Geduld kommt aus dem Vertrauen in den gottgewollten Lauf der Dinge. Sie ist keine Resignation, sondern bewußte, aktive Haltung. Sie ist Zeichen der Hoffnung, des Vertrauens auf Gott, der Liebe zu ihm. Und ich kann mir ein Beispiel nehmen an Gottes Geduld mit mir.

Daraus wiederum kann ich lernen, mit mir selbst und den Mitmenschen geduldiger zu sein. Und, auch das gilt: Würde alles sofort klappen, hätte ich keine Vorfreude mehr, die doch bekanntlich die schönste Freude ist!

Impulse aus der Bibel

Schlimm sind die dran, die Hoffnung und Geduld verloren
haben! Schaut auf Gott, der soviel Geduld mit den Menschen
hat und sie mit seiner Barmherzigkeit überreich beschenkt!
Habe auch du Geduld mit deinen Mitmenschen und sei barmherzig zu ihnen! *(Jesus Sirach, Kapitel 2, 18, 29)*

Wenn euer Glaube bewährt ist, dann bewirkt er Geduld. Die
Geduld aber führt zur Vollendung des guten Werks. Laßt euch
nicht entmutigen, wartet geduldig auf den Tag, an dem Jesus
Christus wiederkommt. Muß nicht auch der Landwirt mit viel
Geduld auf die Ernte warten? Er weiß, daß sie langsam unter
Sonne und Regen heranreift.
Auch ihr müßt geduldig sein und dürft nicht mutlos werden –
der Herr kommt bald! Nehmt euch ein Beispiel an den Propheten, die im Auftrag Gottes geredet haben. Wie vorbildlich und
mit welcher Geduld haben sie ihre Leiden ertragen! Allen, die
durchhalten, ist unvergängliche Freude gewiß.
Denkt nur an Hiob, der geduldig seine Leiden getragen hat.
Und ihr wißt, daß Gott in seiner Liebe und Barmherzigkeit
alles zu einem guten Ende führte. *(Brief des Jakobus, Kapitel 1
und 5)*

Worte der Ermutigung

Geduld ist die Kunst zu hoffen. *(Tilla Durieux)*

Nichts peinigt mehr als Hunger den Leib, nichts verzehrt ihn mehr als Sorgen, nichts schmückt ihn mehr als Gelehrsamkeit, nichts schützt ihn mehr als Geduld. *(Aus dem Hinduismus)*

Mit jedem Menschen braucht man Geduld, doch an erster Stelle mit sich selbst. *(Franz von Sales)*

Geduld ist ein Baum, dessen Wurzel bitter, dessen Frucht aber sehr süß ist. *(Aus Persien)*

Alles fügt sich und erfüllt sich,
mußt es nur erwarten können
und dem Werden deines Glückes
Jahr und Felder reichlich gönnen.
(Christian Morgenstern)

Maßvoll leben

So nicht weiter!

Irgendwie finde ich in meinem Leben nicht das richtige Maß. Mehr oder weniger ausgeprägt, bewege ich mich in Maßlosigkeiten: in Übertreibung oder Untertreibung, in Überschätzen oder Unterschätzen. Zum Übertreiben etwa gehört es, wenn natürliche Bedürfnisse in hemmungslose Gier ausarten – das gilt fürs Essen ebenso wie für Trinken oder Sexualität. Oder die tägliche Arbeit entwickelt sich zur hechelnden Überaktivität. Oder ich übertreibe meine Ängste. Oder ich setze unangemessen hohe Erwartungen in mich und andere. Oder ich stürze mich in übertriebene Frömmigkeit. Oder ich sehe selbstüberheblich, rechthaberisch, fanatisch meine Meinung als einzig wahre an. Auch Nationalismus und Rassismus sind Zeichen der Selbstüberheblichkeit.

In der Maßlosigkeit durch Übertreiben steckt eine gehörige Portion Egoismus und Geltungssucht, ich mache mich auf Kosten anderer breit, bin wie besessen. Besessenheit aber zerstört die Liebe zu Gott und den Menschen und die gesunde Liebe zu mir selbst.

Wenn ich mich fanatisch auf etwas fixiere, dann habe ich Scheuklappen, bin nicht mehr fähig zum freien Blick und zur Liebe.

Maßlos sein kann ich auch durch Untertreiben – indem ich unter meinen Möglichkeiten bleibe, mich zu wenig für andere einsetze, alles für sinnlos halte oder mich aus falscher Bescheidenheit kleiner mache, als ich bin. Beide Arten von Maßlosigkeit, besonders das Übertreiben, verhindern Liebe, brennen mich aus, schädigen mich an Leib, Geist und Seele.

Ich fange neu an!

Maßhalten bedeutet zwar, die gesunde Mitte zu leben – es ist die Kunst des ausgewogenen Maßes in meinem Denken und Tun. Maßvoll sein ist damit aber keine Mittelmäßigkeit, sondern eine bewußte, kritische, dynamische Lebensführung. Nur im Maßhalten schaffe ich es, mit starker Liebe für Gott, die Menschen und mich selbst da zu sein. Maßhalten hat also wesentliche Bedeutung für meine Entfaltung in der Liebe.

Und genau darin, in dieser Orientierung an der Liebe, steckt auch der Schlüssel, wie ich zum Maßhalten, zur Mitte finde: mich selbst ungeschminkt sehen – mich mit meinen Fähigkeiten und Grenzen liebevoll annehmen – meine Talente erkennen, sie stärken und nach Gottes Willen im Dienst der Liebe einsetzen, zu anderer und eigenem Nutzen – meine Grenzen erkennen und bejahen – mich nicht übernehmen – doch zugleich mich nicht klein machen, mich nicht unterfordern.

Ich muß nüchtern sehen und beurteilen, was ich kann und brauche. Ich muß genau das für mich und andere tun, was zum Wohl dient. Es ist die gesunde Mitte, der feste Stand: mit beiden Beinen auf dem Boden – und verankert in Gott, dem ich verantwortlich bin.

Weder übertreibe ich´s egoistisch bei irdischen Dingen, noch bin ich überfromm – bin aber auch nicht lasch. Ich übe mich ein in diskrete Zurückhaltung – und zugleich in Entscheidungskraft samt Urteilsfähigkeit. Es geht um Mäßigkeit in allen Dingen, um Ausgewogenheit, um tiefe Freude. Dennoch: Maßlos ist und bleibt meine Sehnsucht nach Gott, nach vollkommenem Glück.

Impulse aus der Bibel

Übertreib es nicht mit deinen Wünschen und Leidenschaften, sondern halte sie in Schranken und gib nicht jedem Wunsch nach! Sei bei allem, was du tust, vernünftig und maßvoll – dann geht's dir gut! Der Wein ist eine Lebenskraft für den Menschen, wenn er ihn mäßig trinkt. Was wäre das Leben ohne Wein? Er ist uns doch schon von alters her zur Freude geschenkt!

Zur rechten Zeit und mäßig getrunken, macht der Wein Herz und Seele fröhlich. Doch im Übermaß getrunken, sorgt er für Kopfweh und gereizte Stimmung. Überprüfe also deine Lebensweise! Wenn du merkst, daß dir etwas nicht bekommt oder du dich übernimmst, dann laß die Finger davon!

Nicht alles ist für alle gleich gut, nicht jeder verträgt alles. Überfriß dich nicht, sei maßvoll bei jeder Art von Genuß! Zuviel Essen macht krank. Maßlosigkeit sorgt für Bauchschmerzen. *(Jesus Sirach, Kapitel 18, 31, 37)*

In der Vollmacht, die mir Gott als Apostel gegeben hat, wende ich mich an jeden einzelnen von euch: Übertreibt es nicht mit eurem Streben! Überhebt euch nicht über andere! Denkt nicht höher von euch, als es angemessen ist! Übt Zurückhaltung! Maßt euch nicht etwas an, das über die Gaben hinausgeht, die Gott euch geschenkt hat – diese Gaben sind der Maßstab, nach dem ihr eure Fähigkeiten beurteilen sollt! *(Brief des Paulus an die Römer, Kapitel 12)*

Worte der Ermutigung

Das Wasser nimmt nicht mehr Platz ein, als es wirklich bedarf.
So gleicht es der Mäßigung. *(Konfuzius)*

Alle Gotteskräfte (des Menschen) müssen sich der „discretio"
(dem richtigen Maß) beugen, als wäre sie das Firmament, das
über sie herrscht, damit sie nicht im Überschwang höher auf-
steigen, als ihnen zuträglich ist, oder ... tiefer fallen als ihre
Bestimmung, die ihnen von Gott gegeben ist. ... (Die
„discretio", das richtige Maß) ist die Mutter aller Tugenden ...,
eine Gotteskraft, die für das menschliche Leben von grund-
legender Bedeutung ist. *(Hildegard von Bingen)*

Bemerke, wie die Tiere das Gras abrupfen! So groß ihre Mäuler
auch sein mögen, sie tun der Pflanze selbst nie etwas zuleide,
entwurzeln sie niemals. So handle auch der starke Mensch. ...
Er verstehe die Kunst, vom Leben zu nehmen, ohne ihm zu
schaden. *(Christian Morgenstern)*

Maßhalten: ... den eigenen Umfang und Auftrag kennen, ... in
Gottes großen Heilsplan hineinpassen ... und zufrieden sein,
die Frucht Seines Geistes zu bringen, die unserm Maß sowie
Ort und Zeit unseres Lebens entspricht. *(Evelyn Underhill)*

Genieße mäßig Füll und Segen,
Vernunft sei überall zugegen,
wo Leben sich des Lebens freut.
Dann ist Vergangenheit beständig,
das Künftige voraus lebendig,
der Augenblick ist Ewigkeit.
(Johann Wolfgang von Goethe)

Unperfekt mein Bestes geben

So nicht weiter!

Es gibt in mir einen Drang, perfekt zu sein, vollkommen zu sein. Alles, was ich tue, muß zu jedem Zeitpunkt das Beste schlechthin sein – sozusagen übermenschlich! Und deshalb habe ich mich von Kopf bis Fuß ständig unter Kontrolle, einschließlich meiner Gefühle.

Durch mein Streben nach Perfektion versuche ich, mir die Liebe und Anerkennung anderer zu erkaufen. Bloß keine Fehler, das führt zu Mißbilligung von seiten Gottes oder der Menschen! Und das vertrage ich absolut nicht – ich bin darauf getrimmt, stets das Tollste zu schaffen, um Zuwendung zu bekommen.

Und wehe, ich bringe es nicht – dann gerät meine Welt aus den Fugen, dann werde ich unsicher, habe Schuldgefühle, meine sogar, wertlos zu sein! Manchmal artet der Perfektionismus auch derart aus, daß er sozusagen „automatisch" vonstatten geht und unmittelbar gar nichts mehr mit einem erstrebten Wohlwollen anderer zu tun hat.

Das Seltsame: Mein Perfektionismus bedeutet Verkrampfung, ich fixiere mich ganz nervös darauf, keine Fehler zu machen – und genau dadurch komme ich immer weiter weg von der Perfektion, weil ich infolge meiner Angst immer mehr Fehler mache.

Meinen Hang zum Perfektionismus übertrage ich auch auf andere Menschen – und das stört ein vernünftiges zwischenmenschliches Verhalten gewaltig. Ich erwarte von anderen ebenfalls Perfektion – und werde natürlich enttäuscht. Und ich wälze meine Unzufriedenheit über eigene Fehler auf andere ab. Mein Perfektionismus ist zerstörerisch.

Ich fange neu an!

Nicht, daß ich meine Fehler verharmlose – ich trage vor Gott, den Menschen und mir durchaus Verantwortung für mein Tun und Lassen. Aber: Ich bin kein Übermensch, sondern ein Mensch, unperfekt – und dazu stehe ich. Alles Streben nach Perfektion ist Illusion.

Und wenn ich mir als Kind Anerkennung zu erkämpfen versuchte, indem ich perfekt funktionieren wollte – heute ist die Situation verändert: Als Perfektionist kriege ich nicht Anerkennung, sondern eher Mißbilligung anderer zu spüren. Kein Mensch will mich makellos-perfekt. Lieber Ecken und Kanten als steril wirkender Feinschliff! Und ich, wenn ich mich selbst als unperfekt annehme, habe Verständnis für die Fehler anderer.

Nicht, daß ich nach dem Motto „Keiner ist perfekt" alles durchgehen lasse – ich habe konkrete, realistische Erwartungen an mich und andere. Ich versuche nicht, das Beste schlechthin zu erreichen, sondern gebe mein persönliches Bestes. Nicht weniger, doch auch nicht mehr. Auf diese Weise, unverkrampft und gelassen, schaffe ich trotz meiner Fehler viel mehr Gutes, als wenn ich perfekt sein möchte.

Und Gott – er verlangt ganz gewiß keine Perfektion von mir. Er hat mich unvollkommen erschaffen und nimmt mich so an, wie ich bin. Gott liebt mich nicht wegen meiner guten Seiten und natürlich nicht wegen meiner Fehler, sondern trotz Fehlern und mitsamt allen anderen Seiten. Deshalb darf ich mich selbst lieben und annehmen, wie ich bin. Und ich nehme die Menschen an, wie sie sind – mit ihren Fehlern und Stärken.

Impulse aus der Bibel

Gott hat die Menschen aus Staub erschaffen und läßt sie zum
Staub zurückkehren. Er wies ihnen eine bestimmte Lebenszeit
zu. Er schuf sie nach seinem eigenen Bild und gab ihnen teil an
seinem Können, an seiner Stärke. Einsicht und Wissen gab er
den Menschen und lehrte sie, Gut und Böse zu unterscheiden.
Er gebot ihnen, sich mit ganzer Kraft und Begabung für das
gemeinsame Wohl einzusetzen, und gab ihnen dafür Weisungen. Dennoch: Der Mensch ist nicht perfekt. Sein Denken und
Handeln sind nicht vollkommen wie Gottes Gedanken und
Tun. Er, der nur Staub und Asche ist, muß so leben, daß er es
vor Gott verantworten kann. *(Jesus Sirach, Kapitel 17)*

Jesus erzählte ein Gleichnis: „Mit der neuen Welt Gottes, die
jetzt mitten unter euch schon anbricht, ist es wie mit einem
Mann, der gutes Saatgut auf sein Feld säte. Eines Nachts, als
alles schlief, kam sein Feind, säte Unkraut zwischen den
Weizen und verschwand.
Als nun die gute Saat heranwuchs und Ähren ansetzte, schoß
auch das Unkraut mit auf. Da kamen die Arbeiter zum Herrn
des Hauses und fragten ihn: ‚Sollen wir das Unkraut ausreißen?' – ‚Nein', sagte der, ‚denn wenn ihr es ausreißt, würdet
ihr ja den Weizen mit ausreißen. Laßt beides, Gutes und
Schlechtes, miteinander wachsen bis zur Ernte!'" *(Evangelium
des Matthäus, Kapitel 13)*

Worte der Ermutigung

Es ist nicht ordentlich, das Leben, / und was immer
dein Bestreben,
es so ordentlich zu machen, / wie du deine Siebensachen,
ist vergebens. / Es scheitert vor allem zeitlebens
an der Unordnung des Lebens.
(Hildegard Knef)

Der Mensch ist weder Engel noch Tier, und das Unglück will
es, daß, wer einen Engel aus ihm machen will, ein Tier aus ihm
macht. *(Blaise Pascal)*

Man weiß, daß es höchste Zeit ist zu leben. ... Man weiß, daß
das Unmögliche niemals eintreten wird. Das zu wissen, ... ist
schon Erleuchtung. ... Es bleibt mir mein Leben – das wahre,
das, welches ich lieben muß. Alles ... möchte ich jetzt annehmen. Auch mich selbst ..., wie ich bin. Ich will mein Glück
darin finden, zu tun, was ich kann. *(Lucien Jerphagnon)*

Vor seinem Ende sprach Rabbi Sussja: „In der kommenden
Welt wird man mich nicht fragen: ‚Warum bist du nicht Moses
gewesen?' Man wird mich fragen: ‚Warum bist du nicht Sussja
gewesen?'" *(Jüdisch-chassidische Legende)*

Von Franz Schubert gibt es eine Sinfonie, die er nicht vollenden konnte. Sie heißt darum die Unvollendete. Doch trotz
fehlender Vollendung ist die Musik nicht weniger herrlich. ...
Trotz fehlender Vollendung ... steckt so viel Musik in einem
Menschenleben. *(Michael Zielonka)*

Ehrfurcht empfinden

So nicht weiter!

Wenn Leute mich respektlos behandeln und ich das als unangenehm, ja verletzend empfinde, merke ich: Respekt ist für das Zusammenleben immens wichtig. Auch bei mir selbst stelle ich Respektlosigkeit fest. Das ist nicht gut, denn es bedeutet Mißachtung und Verletzung – im Blick auf Menschen, auf die Natur, auf Gott. In meinem Kopf hat sich der Zeitgeist ziemlich breit gemacht, der Geheimnis und Würde leugnet und deshalb nichts mehr mit Respekt zu tun haben will, sondern nach Willkür und Belieben mit Menschen, Gott und Natur umspringt.

Das führt zu lieblosem Verhalten gegenüber den Mitmenschen – ich erkenne sie ja nicht mehr in ihrer Würde als Geschöpfe Gottes. Und weil ich in der Schöpfung nur noch das Objekt meiner Wünsche sehe, aber nicht mehr das vom Heiligen Geist erfüllte Werk und Geschenk Gottes, deshalb nutze ich sie aus, schädige sie.

Und Gott, auch der hat für mich nichts mit heiligem Geheimnis zu tun – das paßt mir nicht in den Kram! Ich bastle mir lieber selbst einen Gott, der durchschaubar nach meinem Wunsch und Willen funktioniert und keinen Respekt erfordert. Dieses mickrige Zerrbild bekommt mir allerdings nicht! Und mir fällt ein, daß früher sehr der Respekt, die Ehrfurcht gegenüber Gott betont wurde. Da könnte ja wirklich was dran sein! Andererseits: War diese Gottes-Furcht nicht mit Angst, mit sklavischem Geducktsein verbunden? Ohne Respekt geht´s nicht, das kapiere ich wohl – aber Horror vor Gott will ich auch nicht haben! Wie also handeln?

Ich fange neu an!

Nach und nach, immer stärker muß ich ein Gespür dafür
entwickeln: Mensch, Schöpfung und vor allem Gott – sie über-
steigen meine Vorstellungen! Schöpfung und Mensch tragen
ein unergründliches Geheimnis in sich, sind einbezogen in die
Heiligkeit Gottes, des All-Heiligen, des Ganz-Anderen, des
unbegreiflichen Geheimnisses schlechthin.

Diese Größe und Würde, dieses heilige Geheimnis rufen bei
mir heiligen Respekt hervor, also Hochachtung und nötige
Distanz. Respekt bedeutet aber auch, alles zu tun, daß das,
wovor ich solche Achtung habe, nicht lieblos behandelt wird.
Zugleich fasziniert mich das Große, Geheimnisvolle. Und
genau daraus besteht Scheu, Ehrfurcht: aus heiligem Respekt
und Faszination. Ehrfurcht – ein Zeichen der Liebe.

Gottesfurcht, die Ehrfurcht vor Gott, ist also keine
Bedrohungsfurcht, sondern heiliger Respekt und Faszination
angesichts des erhabenen Gottes, Respekt vor seinem Wort;
äußere Gebärden sind Verleiblichungen dieser ehrfürchtigen
Liebe.

Ehrfurcht, Respekt vor jedem Mitmenschen bedeutet zum
einen, daß ich die nötige Distanz wahre, ihn nicht bedränge –
zum anderen, daß ich da, wo seine Würde mit Füßen getreten
wird, aus Achtung vor dieser Würde dem Bedrängten helfe.

Respekt vor mir, vor der eigenen Würde, bedeutet, daß ich
mich nicht gedankenlos an mich und meine Bedürfnisse verliere, sondern das Beste nach Leib, Geist und Seele aus mir
mache. Und die Natur, Gottes Geschenk, von ihm durchseelt,
muß ich respektvoll und pfleglich behandeln.

Impulse aus der Bibel

Es ist Gott nicht gleichgültig, wie wir mit uns selbst, mit unserem Leib umgehen. Wißt ihr nicht, daß euer Leib ein Tempel des Heiligen Geistes ist, der in euch lebt und wirkt? Gott hat euch seinen Geist geschenkt, und ihr gehört nicht mehr euch selbst.
Er hat euch freigekauft aus der Gewalt des Bösen und als sein Eigentum erworben. Macht ihm Ehre, indem ihr euren Leib ehrfürchtig behandelt! *(1. Brief des Paulus an die Korinther, Kapitel 6)*

Ihr seid das von Gott auserwählte Volk, seine königliche Priesterschaft, ein heiliges Volk, das Gott selbst gehört. Er hat euch aus der Finsternis in sein wunderbares Licht geführt. Früher kanntet ihr Gottes Gnade nicht, jetzt aber seid ihr hochbegnadete, würdevolle Menschen. In dieser Welt seid ihr Fremde und Pilger auf dem Weg zum Ziel.
Deshalb bitte ich euch: Lebt nicht nach den Regeln und Selbstsüchten dieser Welt, paßt euch ihren Vorstellungen nicht an, laßt euch von den Leidenschaften nicht beherrschen! Euer Leben muß vorbildlich sein.
Begegnet allen Menschen mit Ehrfurcht und Achtung! Habt Ehrfurcht vor Gott! Seid rücksichtsvoll, mitfühlend, liebt euch gegenseitig als Schwestern und Brüder! Seid gütig und zuvorkommend! Vergeltet nicht Böses mit Bösem! Und haltet Jesus Christus, den Herrn, heilig in euren Herzen! *(1. Brief des Petrus, Kapitel 2 und 3)*

Worte der Ermutigung

Die wahre Ehrfurcht geht niemals aus der Furcht hervor. *(Marie von Ebner-Eschenbach)*

Eins bringt niemand mit auf die Welt, und doch ist es das, worauf alles ankommt, damit der Mensch nach allen Seiten ein wirklicher Mensch sei: die Ehrfurcht. *(Johann Wolfgang von Goethe)*

Damals (im Mittelalter) gab es die Unterscheidung zwischen Religiösem und Weltlichem nicht, denn die Menschen hatten begriffen, daß alles Leben heilig ist. *(Joy Davidman)*

Die Natur ist kein selbständiges Wesen, sondern Gott ist alles in seinen Werken. *(Johann Gottfried Herder)*

Gott wünscht, daß wir den Tieren beistehen sollen, allemal, wenn es vonnöten ist. Ein jedes Wesen hat gleiche Rechte auf Schutz. *(Franz von Assisi)*

Hohe Tiere vom Sockel holen

So nicht weiter!

Zu Idolen und Autoritäten habe ich paradoxerweise zugleich einen Riesenabstand und gar keinen Abstand. Einerseits stelle ich Idole auf einen Sockel, verkläre sie samt ihrem Werk, betreibe Personenkult. Da gibt es einen künstlerisch tätigen Menschen, eine Musikerin, einen Maler, oder eine Politikerin oder einen Denker. Und diesen Menschen bewundere ich über die Maßen, hebe ihn hoch empor und lasse nicht zu, daß auch nur der geringste Schatten auf ihn fällt.

Und wenn er mal was falsch macht, ignoriere ich das einfach oder verharmlose es. Oder da ist die politische, die kirchliche, die gesellschaftliche, die familiäre Autoritätsperson, vor der ich mich in gebührendem Abstand zu Boden werfe.

Gleichzeitig lasse ich jeden Abstand vermissen: Ich identifiziere mich so sehr mit meinem Idol, daß ich in Gefahr gerate, gar nicht mehr ich selbst zu sein. Ich lebe nur noch für mein Idol, kenne jedes seiner Werke in- und auswendig, sammle alles von ihm, halte alle seine Worte für Geistesblitze. Und bei den Autoritätspersonen geht der Abstand verloren, wenn ich ihre Befehle in blindem Gehorsam befolge, ohne mir meine eigenen Gedanken zu machen.

Leute anhimmeln, vor Leuten kriechen, nicht mehr ich selber, sondern fremdbestimmt sein, blindlings folgen – das ist mit Sicherheit nicht das Leben, das ich in Verantwortung vor Gott, vor mir selbst und den Menschen als freier, selbstbewußter, realistisch eingestellter Mensch führen soll! Ich fühle mich viel zu klein und ziehe mich an anderen hoch.

Ich fange neu an!

Ich muß die heißgeliebten Idole und die hohen Autoritäten schlicht und einfach vom Sockel holen, mal in Unterhosen sehen. Es sind Menschen, ganz normale Menschen mit je eigenen Fehlern, Stärken, Begabungen, Befugnissen, Ängsten, Lügen – wie ich selbst. Also kein Riesenabstand mehr für mich – zugleich aber auch kein völliges Fehlen von Distanz, keine totale Vereinnahmung, kein blinder Gehorsam mehr.

Ich brauche einen gesunden, kritischen Abstand, frei von Anhimmeln oder Obrigkeitsfurcht. Einen Abstand, der zweierlei bewirkt: Zum einen sehe ich Idole und Autoritäten realistisch als Menschen, nicht als Halbgötter. Zum anderen lasse ich mich auf diese Weise von den sogenannten „Großen" nicht länger vereinnahmen oder „unterbuttern".

Natürlich kann ich ihre speziellen Fähigkeiten – ohne Übertreibung! – toll finden, kann ihre Werke genießen, kann Vorbildhaftes entdecken oder sinnvollen Anordnungen folgen. Und ich habe gesunden Respekt – vor ihnen als Mensch und im Blick auf ihre speziellen Talente oder Befugnisse. Aber ich bewahre mir kritische, gesunde Distanz.

Auch die christlichen Heiligen sehe ich mit ihren Stärken und Schwächen. Und weil sie mit ihren Schwächen meinen Erfahrungen nahe sind, kann ich ihre Stärken umso besser für mich zum Vorbild nehmen.

Bei aller Bewunderung will ich aber nie Abziehbild des Vorbilds sein, sondern ganz die eigene starke Persönlichkeit – ich hole mir nur ermutigende Anregungen. Und: Je größer mein Selbstbewußtsein ist, desto kleiner sind die „Großen".

Impulse aus der Bibel

Auch ich, der König Salomo, bin ein sterblicher Mensch, genau
wie alle anderen Menschen. Im Leib der Mutter wurde ich ge-
bildet, neun Monate lang. Wie alle Neugeborenen lag ich auf
der Erde, atmete die Luft ein, die alle Menschen einatmen, und
wie bei jedem Menschen war mein erster Laut ein Weinen.
Ich war abhängig von liebevoller Fürsorge. Kein König kommt
anders auf die Welt. Jeder Mensch tritt auf dieselbe Weise ins
Leben, und jeder Mensch verläßt es auf dieselbe Weise wieder.
(Weisheit Salomos, Kapitel 7)

Laß dich nicht durch Selbstunsicherheit behindern! Mach
deinen Mund auf – du brauchst dein Wissen und Können nicht
zu verstecken! Laß dich nicht von den angeblich Großen und
den Mächtigen beherrschen und einschüchtern! Es gilt:
„Heute König, morgen tot!" Wenn ein Mensch stirbt, bleibt
ihm nichts als Würmer und Maden.
Gott stürzt die Mächtigen und erhöht die Niedrigen. Ob einer
angesehen und mächtig und reich ist oder arm ist – das einzige,
was zählt, ist die Ehrfurcht vor Gott. Angesehene Leute werden von anderen geehrt – aber kein Mensch ist wirklich größer
als der, der Gott ehrt und ernst nimmt. *(Jesus Sirach, Kapitel 4
und 10)*

Worte der Ermutigung

Auch der tapferste Mann, den es gibt, schaut mal unters Bett.
Auch die nobelste Frau, die man liebt, muß mal aufs Klosett.
Wer anläßlich dieser Erklärung behauptet, das sei Infamie,
der verwechselt Heldenverehrung mit Mangel an Fantasie.
(Erich Kästner)

Früher, da ich unerfahren und bescheidener als heute,
hatten meine höchste Achtung andre Leute.
Später traf ich auf der Weide außer mir noch Kälber,
und nun schätz´ ich sozusagen erst mich selber.
(Wilhelm Busch)

Immer wieder ließ es sich der Meister angelegen sein, seinen
Schülern zu raten, sich nicht von ihm abhängig zu machen ...:
„Es gibt drei Dinge, die in zu großer Nähe schädlich und –
wenn zu weit entfernt – nutzlos sind und die man am besten in
angemessenem Abstand hält: Feuer, die Regierung und den
Guru." *(Anthony de Mello)*

Ich entdeckte die „Heiligen" der Kirche und die „Meister" des
christlichen Lebens – wenn ich etwas von ihnen las, schwang
eigenes Erleben mit und ließ mich ihr Suchen, Ringen und
Glück verstehen – in dem Maße, wie ich selbst etwas davon
erlebte. *(Karin Johne)*

Der Erzbischof von Aix erfuhr, daß Franz von Sales heiligge-
sprochen worden war. „Das freut mich", sagte der Erzbischof,
„er war so ein anständiger Mann – wenn er beim Spielen auch
gemogelt hat!"
„Wie ist es möglich, daß ein Heiliger mogelt?" fragte ein
Zuhörer. „Nun – er sagte, alles, was er gewinne, gebe er den
Armen!" *(Anekdote)*

Liebe verwirklichen

So nicht weiter!

Mit der Liebe zum Nächsten, zu Gott, zu mir selbst habe ich Schwierigkeiten. Und zwar gerade auch insofern, als ich der Auffassung bin, dabei unbedingt was empfinden zu müssen. Nächstenliebe verbinde ich ganz stark mit einem positiven Gefühl zum Nächsten, ebenso die Liebe zu mir selbst. Ich muß den Nächsten, ich muß mich einfach mögen – sonst ist es keine wahre Liebe! Doch dieses positive Gefühl fällt mir oft sehr schwer, und das bedrückt mich.

Noch viel schwerer fällt mir das, was ich unter meiner Liebe zu Gott verstehe – nämlich, daß ich zu Gott ein Riesengefühl entwickeln, ihn überschwenglich mögen muß – sonst ist es keine Liebe zu Gott! Aber solch ein Gefühl gegenüber dem unsichtbaren Gott schaffe ich kaum und leide darunter.

Gleichzeitig weiß ich, daß zur Liebe auch ein Tun gehört – und da habe ich ebenfalls meine Schwierigkeiten.

Problem 1: Nächstenliebe soll doch so aussehen, daß ich anderen das Gute tue, das ich ihrerseits für mich gleichermaßen erwarte. Und das verstehe ich beispielsweise so: Jemand liegt im Krankenhaus, und ich besuche ihn.

Denn wenn ich selbst im Krankenhaus läge, hätte ich gleichermaßen gern Besuch vom anderen. Nun macht mir der Mensch, der im Krankenhaus liegt, allerdings ganz klar, daß er lieber allein sein und gar nicht besucht werden möchte – und das kränkt mich!

Problem 2: Manchmal, wenn Gutes durchaus erwünscht und angebracht ist, übertreibe ich es mit dem Gutes-Tun für andere, übernehme mich dabei selbst und falle anderen auf den Wecker.

Ich fange neu an!

Liebe ist wesentlich konkretes Tun, unabhängig von Gefühlen. Abneigung darf mich nicht hindern. Zuneigung, Herzlichkeit ist nicht notwendig, aber ein schönes „Sahnehäubchen" obendrauf. Mir selbst tue ich das Gute sowieso, „instinktiv" – wer vernachlässigt sich schon selbst? Auch Nächstenliebe ist konkretes Tun. Kommt zum konkreten Erbarmen noch ein herzliches Gefühl hinzu, wird die Sache „rund" und Nächstenliebe zur „Barm-herzigkeit". Die Liebe zu Gott schließlich bedeutet ebenfalls wesentlich ein Tun – mein Handeln nach Gottes Weisungen.

Liebe will gelernt sein. Ich muß um ihre Wichtigkeit wissen und ausdauernd sein. Ich brauche Disziplin: nämlich Regelmäßigkeit sowie die Mäßigkeit, Liebe nicht zu übertreiben. Zuviel Eigenliebe ist Egoismus, zuviel Nächstenliebe ist unbekömmlich, und alle Übertreibung deutet auf seelische Defekte bei mir hin.

Außerdem braucht Liebe Konzentration – zunächst auf mich selbst. Denn käme ich mit mir selbst, mir allein nicht zurecht, dann wäre Nächstenliebe nur Lüge, nur Zeichen dafür, daß ich über sie einen Halt für mich selbst suche. Konzentration heißt außerdem, daß ich in der Liebe voll bei der Sache bin.

Und schließlich: Ich soll gewiß anderen das Gute tun, das ich von ihnen erwarte. Das konkrete Gute kann aber unterschiedlich aussehen. So, wie ich von anderen Gutes nach *meinen* Bedürfnissen erwarte, soll ich ihnen Gutes nach *ihren* Bedürfnissen tun. Ich muß mich in die Lage der anderen versetzen, darf mich nicht zum Maßstab aller Dinge machen.

Impulse aus der Bibel

Ein Schriftgelehrter fragte Jesus: „Welches ist das wichtigste Gebot im Gesetz Gottes?" Jesus antwortete: „‚Liebe den Herrn, deinen Gott, mit ganzem Herzen, mit ganzem Willen und mit ganzem Verstand.' Dies ist das größte und wichtigste Gebot.
Ebenso wichtig ist aber ein zweites: ‚Liebe deinen Mitmenschen – in dem Maß, wie du dich selbst sowieso schon liebst.' In diesen beiden Geboten sind alle anderen Gebote und alle Forderungen der Propheten zusammengefaßt." *(Evangelium des Matthäus, Kapitel 22)*

Wir wissen, daß wir den Tod hinter uns gelassen haben und schon jetzt im unvergänglichen Leben stehen – weil wir die Schwestern und Brüder lieben. Und wie Christus sein Leben für uns hingab, sollen auch wir uns für die Menschen einsetzen. Wie kann Gottes Liebe in einem Menschen bleiben, wie kann er Gott lieben, wenn er gleichzeitig sein Herz vor Notleidenden verschließt?
Laßt uns einander lieben, nicht mit schönen Worten, nicht nur mit Gefühlen, sondern vor allem in Taten, die der Wahrheit entsprechen: der Liebe, mit der Gott uns liebt.
Gottes Gebot ist: Wir sollen an Jesus Christus, Gottes Sohn, glauben und einander so lieben, wie Christus uns aufgetragen hat. Unsere Liebe zu Gott bedeutet nichts anderes, als daß wir uns an Gottes Weisungen halten und tun, was er uns sagt. Und das ist nicht schwer. Denn in der Kraft des neuen Leben, das Gott uns schenkt, siegen wir über die Welt. Unser Glaube an Jesus gibt uns diesen Sieg. *(1. Brief des Johannes, Kapitel 3 und 4)*

Worte der Ermutigung

Die Liebe besteht ... nicht in wonnigen Gefühlen ..., sondern im festen Entschluß, in allen Stücken Gott gefallen zu wollen. *(Theresia von Avila)*

Liebe gibt sich nicht mit Annahme zufrieden. Sie verwandelt. Sie arbeitet. Sie meißelt das Bild heraus, das Gott haben will. *(Ingrid Trobisch)*

Die Fülle der Nächstenliebe besteht einfach in der Fähigkeit, den Nächsten fragen zu können: „Welches Leiden quält dich?" *(Simone Weil)*

Wenn wir vergessen, daß wir ... nur „Durchlaufstationen" sind ... für eine Liebe, von der wir selber zehren, werden wir schnell aufgebraucht. *(Ruth Pfau)*

Nicht, weil er bös ist, nein: zu gut –
quält uns oft einer bis aufs Blut.
Selbst Wünsche, die wir gar nicht hatten,
erfüllt er, ohne zu ermatten. ...
Und teuflisch martert er uns Armen
erbarmungslos – bis zum Erbarmen.
(Eugen Roth)

Loslassen können

So nicht weiter!

Ich klammere mich zu oft und zu stark an. Etwa an Menschen – weil ich durch andere Selbstbewußtsein kriegen will – oder weil ich dringend wen brauche, an dem ich meine Machtgelüste austoben kann – oder weil ich befürchte, jemand renne ohne mich ins Unglück.

Ich klammere mich an Sachen, kaufe mir Dinge, die ich nicht brauche – weil ich von ihnen meinen eigenen Wert abhängig mache. Ich klammere mich an frühere Erfahrungen, schmerzliche oder schöne, durchlebe die Situationen voll Zorn, Selbstmitleid oder Glücksgefühl immer wieder.

Gern klammere ich mich auch an Wünsche, versuche grundsätzlich, sie mit aller Macht in Erfüllung gehen zu lassen. Oder an überflüssige Ängste. Oder an Überzeugungen, von denen ich spüre, daß sie mich einengen, etwa bedrohliche Gottesbilder.

Oder an falsche Schuldgefühle – etwa, wenn gesunde Glaubenszweifel oder ein sinnvolles Beharren auf der eigenen Meinung mir ein schlechtes Gewissen machen. Und ich klammere mich wie besessen an Leben und Gesundheit. So verständlich es ist, Wertvolles nicht verlieren zu wollen – weder andere Menschen noch das eigene Leben –, so bedenklich ist Anklammern.

Anklammern gibt mir zwar eine Portion Sicherheit, kostet aber Riesenanstrengung, macht mich verkrampft, verbissen, angespannt, verhindert Freiheit, bedeutet Verlustängste und führt zu Frust, wenn Wünsche nicht wahr werden. Ich vereinnahme Menschen für mich, gerate in Besitzsucht, bin abhängig von Menschen, Dingen und Ideen, passe mich an.

Ich fange neu an!

Durch Loslassen werde ich frei von etwas, frei für etwas – auch dafür, dem Gottesgeist der Liebe Raum zu gewähren. Und der verwandelt die Energie, mit der ich mich verbissen angeklammert habe, in Kraft für Gutes. Loslassen entkrampft, fördert Gelassenheit. Im Loslassen stecken zwar Unsicherheiten, aber unterm Strich bringt es mehr als Anklammern und ist Gewinn durch Verzicht. Doch nur, wenn ich das Loslassen selbst wiederum loslasse, es also *unverkrampft* einübe, lerne ich es.

Statt mich an andere zu klammern, will ich ihnen Luft verschaffen, will ihren eigenen Weg, Willen und Stil respektieren – das entspricht meinem Glauben an ihre Würde, meinem Vertrauen in sie selbst und in Gottes Plan mit ihnen. Mein Selbstwertgefühl und Selbstbewußtsein mache ich nicht länger von Menschen und Dingen abhängig.

Und meine Vergangenheit kann als Lernprozeß auf sich beruhen – ich suche neue Erfahrungen. Meine Wünsche verleugne ich nicht, doch muß ich sie oft zunächst loslassen, für unwichtig halten, ehe sie sich doch erfüllen.

Falsche Ängste und Ideen, feste Bilder von Gott, unnötige Schuldgefühle empfinde ich erst intensiv – um sie dann loszulassen. Bei echter Schuld fange ich dank Gottes Vergebung neu an. Und so menschlich es ist, am Leben zu kleben – ich will mich in die „Normalität" des Lebens samt Verlusten und Loslassen-Müssen bewußt einordnen; das Vertrauen in Gottes guten Plan und der Blick vom Ende her, der mir gesunde Distanz zum Irdischen gibt, führen zu Loslassen-Können und Gelassenheit.

Impulse aus der Bibel

Jesus sagte: „Meint nur nicht, ich sei gekommen, um Frieden auf die Erde zu bringen. Nein, ich bringe Auseinandersetzung und Kampf! Meinetwegen werden sich Vater und Sohn, Mutter und Tochter, Schwiegertochter und Schwiegermutter entzweien, die nächsten Verwandten werden zu Feinden werden. Wer Vater oder Mutter, Sohn oder Tochter mehr liebt als mich, ist es nicht wert, zu mir zu gehören.
Wer nicht sein Kreuz auf sich nimmt und mir auf meinem Weg nachfolgt, der kann nicht zu mir gehören. Wer sich an sein Leben klammert, es festhalten will, der wird es verlieren. Wer es aber losläßt und für mich einsetzt, wird das wahre Leben gewinnen."
Petrus fragte ihn: „Du weißt, wir haben alles aufgegeben und sind dir gefolgt. Was haben wir davon?" Jesus antwortete ihm: „Jeder, der um meinetwillen Besitz und Menschen losläßt, wird das alles hundertfach wiederbekommen und dazu das ewige Leben." *(Evangelium des Matthäus, Kapitel 10 und 19)*

Die Tage dieser Welt sind gezählt. Deshalb gilt für die uns noch verbleibende Zeit: Auch wer verheiratet ist, muß innerlich so frei sein, als wäre er unverheiratet. Wer Trauer oder Freude empfindet, soll sich davon nicht gefangennehmen lassen, sondern loslassen können. An euren Besitz sollt ihr euch nicht klammern, als ob ihr ihn behalten würdet. Geht so mit der Welt um, daß ihr euch nicht an sie verliert, nicht in ihr aufgeht – auch wenn ihr in ihr lebt. Denn diese Welt vergeht. *(1. Brief des Paulus an die Korinther, Kapitel 7)*

Worte der Ermutigung

dich so loszulassen
daß du fehler machen kannst
die du machen willst ...
daß du neue werte finden kannst ...
das muß ich lernen
ich muß dich ziehen lassen ...
in dein leben.
(Ulrich Schaffer)

Liebe
Wenn wir uns nicht mehr haben und uns sehnen,
dann ist's, als hätten wir uns endlich ganz.
Doch wenn wir nahe sind und uns geborgen wähnen,
verdunkelt sich die Lust, verblaßt der Glanz.
(Manfred Hausmann)

Mein Leben gleicht dem eines Artisten. Mein Leben verwirk-
liche ich nur, wenn ich loslassen kann. Menschen, Freunde,
Dinge, Einfluß, Geld, Sorgen. ... Das letzte Ziel, Gott, erreiche
ich nur, wenn ich alles vertrauend ... loslasse. *(Irmgard Mauch)*

Was *ich* für Leben halte, Gott preisgeben; bereit sein, nicht zu
wissen, wie es weitergeht! Wer alles losläßt, wird sehen, was
Gott tut. *(Katharina Tobien)*

Das Höchste und das Äußerste, was der Mensch lassen kann,
das ist, daß er Gott um Gottes willen lasse. *(Meister Ekkehart)*

Besonnen, gerecht und fromm leben

So nicht weiter!

Frömmigkeit – da bin ich erst mal sehr skeptisch. Denn sofort fallen mir scheinheilige Menschen ein mit heuchlerisch zur Schau gestellter, rein äußerlicher Frömmigkeit. Die Hände falten – und mit den Füßen klammheimlich treten! Das weckt mulmige Gefühle in mir.

Sind diese ersten Gefühle abgeklungen, frage ich mich bei ruhigerem Nachdenken, ob ich nicht wahres Fromm-Sein mit solcher Frömmlerei verwechsle. Aber auch mit echter Frömmigkeit tue ich mich schwer. Ist das nicht Weltflucht, hin zur Insel der Seligen?

Zugleich allerdings frage ich mich: Hat echte Frömmigkeit nicht doch was für sich? Daß sich nämlich jemand intensiv auf den Gott ausrichtet, der ja das Leben schlechthin ist, Quelle und Strom der Liebe? Und außerdem: Vielleicht gibt gerade solches Eintauchen in Gott die Kraft zum alltäglichen Leben! Schließen sich Hinwendung zu Gott und Hinwendung zur Welt tatsächlich aus? Hängt weiterzige Weltzuwendung nicht sogar notwendigerweise von der Ausrichtung auf Gott ab?

Weltflucht, Weltverneinung ist das eine schädliche Extrem. Ich selbst aber lebe sehr oft im anderen Extrem: daß ich zu einseitig auf das Sichtbare und Machbare, auf die Welt ausgerichtet bin – und darüber Wesentliches vernachlässige, nämlich eine lebendige, liebevolle Beziehung zum Schöpfer und Grund der Welt. So verpasse ich Lebenschancen, Möglichkeiten tiefer Freude.

Ich fange neu an!

Frömmigkeit ist nicht Weltfremdheit, sondern durchdringt den Alltag. Ich weite Herz und Seele, behalte aber Bodenhaftung. Fromm-Sein heißt zunächst: Ich erkenne Gott als unendliche Liebe und Schönheit an, wende mich ihm ganz zu – glaubend, liebend, ehrfürchtig, anbetend. Umgekehrt hat sich Gott mir längst liebend zugewandt, konkret in Jesus. Indem ich mich glaubend ganz auf Gott einlasse, auf Jesus, schenkt Gott mir Erlösung, neues Leben:

Er selbst bringt mich und meine ungeordnete Beziehung zu ihm in Ordnung – und dann bin ich ein befreiter, gerechter Mensch, anders ausgedrückt: ein Mensch, um den es richtig bestellt ist, der in Harmonie und Frieden mit Gott lebt.

Meine Frömmigkeit, die glaubende, liebende, ehrfürchtige Zuneigung zu Gott, hat gleichzeitig mit der Welt zu tun. Denn die Liebe zu Gott meint weniger ein Gefühl als vielmehr ein gutes Handeln nach Gottes Wort und in der Kraft der Liebe Gottes.

Frömmigkeit hat also praktische Konsequenzen: Ich sorge für zwischenmenschliche Gerechtigkeit nah und fern, helfe sozial Benachteiligten, mache mich nicht auf Kosten anderer breit, arbeite gegen ungerechte Gesellschaftsstrukturen. Durch den Glauben *bin* ich gerecht, durch die Liebe *lebe* ich gerecht.

Liebende Hinwendung zu Gott, zu den Menschen – das durchdringt meinen Alltag, ist verbunden mit Verantwortlichkeit. Zur Verantwortlichkeit gehört Besonnenheit, die mich umsichtig und überlegt handeln läßt. Fromm, gerecht, besonnen – Schlüssel für ein erfülltes Leben.

Impulse aus der Bibel

In Jesus Christus ist Gottes barmherzige Liebe sichtbar geworden, durch die er alle Menschen retten will. Sie bringt uns
dazu, unsere Gottlosigkeit und Selbstanbetung aufzugeben
und besonnen, gerecht und fromm in dieser Welt zu leben.
Unterdessen warten wir auf die glückliche Erfüllung unserer
Hoffnung: daß unser großer Gott, der Erlöser Jesus Christus, in
Herrlichkeit wiederkommt.

Er hat sein Leben für uns gegeben, um uns von aller Schuld,
allem Bösen zu befreien. So sind wir ein reines Volk geworden,
das nur ihm gehört und alles daransetzt, das Gute zu tun. Denn
vorher waren wir auf dem falschen Weg, wurden völlig beherrscht von allen möglichen Wünschen und Leidenschaften
und lebten in Bosheit.

Doch dann haben wir Gottes Menschenfreundlichkeit und liebevolle Güte erfahren in Jesus Christus, unserem Erlöser und
Retter. Durch seine Liebe, die uns im Glauben geschenkt wird,
sind wir frei von aller Schuld, können deshalb vor Gott als
gerecht bestehen und erben darum auch das erhoffte ewige
Leben. *(Brief an Titus, Kapitel 2 und 3)*

Seid immer sofort bereit zum Zuhören, aber seid besonnen und
überlegt es euch genau, ehe ihr selbst redet. Hütet euch vor
unmäßigem Zorn. Legt alles Gemeine und Böse ab. Nehmt
bereitwillig Gottes befreiendes Wort an.

Doch es reicht nicht, das Wort nur zu hören – ihr müßt es auch
in die Tat umsetzen. Wahre Frömmigkeit erweist sich darin,
daß ihr den Armen und Bedrängten in ihrer Not helft und euch
am ungerechten Treiben der Welt nicht beteiligt. *(Brief des
Jakobus, Kapitel 1)*

Worte der Ermutigung

Wir sollten uns stets hüten, träge und blinde Anbetung mit erleuchteter und eifriger Frömmigkeit zu verwechseln. *(Francesco Petrarca)*

Die Frage ist: Wieweit habe ich Erlösung angenommen? ... Habe ich Angst vor dem „übertünchten Grab" in mir selbst, ... vor einer Frömmigkeit, die bei mir aufgedeckt werden könnte und die nicht Gott meint, sondern mich selbst? *(Katharina Tobien)*

Ich glaube nicht, daß die sogenannten frommen Leute gut sind, weil sie fromm sind, sondern fromm, weil sie gut sind. ... Es gibt schlechterdings keine bessere Art, Gott zu verehren, als die Erfüllung seiner Pflichten und das Handeln nach Gesetzen, die die Vernunft gegeben hat. *(Georg Christoph Lichtenberg)*

Gott und Welt gehören zusammen. Und weil das so ist, muß sich der Christ gleichzeitig auf Gott und Welt hin bewegen. Auf Gott hin, der die Welt in Händen hält, ... der auch unter den Armen und Geknechteten, den Kleinen und Ohnmächtigen zu suchen ist. Und so auch auf die Welt hin, die Gottes Reich werden soll. *(Anton Rotzetter)*

Ob wir Gott lieben, kann man nicht wissen (obwohl es deutliche Anzeichen gibt, die es erkennen lassen); aber ob wir unseren Nächsten lieben, das merkt man. Und ihr dürft mir glauben: Je mehr ihr hierin Fortschritte macht, um so tiefer ist eure Liebe zu Gott. *(Theresia von Avila)*

In den Nöten des Lebens durchhalten

So nicht weiter!

Wenn ich in die Welt hinausschaue, sehe ich Elend und Leiden in tausendfacher Form – sehe die Hungernden, die Unterdrückten, die Mißhandelten, die von Krieg Betroffenen, die Flüchtlinge, die Arbeitslosen, die an Krebs oder Aids Erkrankten, die Obdachlosen, die Süchtigen, die Verzweifelten und Depressiven – ein endlos langer Zug der Not, in dem ich mit meinem eigenen schweren Bündel mitmarschiere.

Ich sehe auch die Qualen der geschundenen Tiere, die Zerstörung der Umwelt, der Pflanzen, der Bäume, der Flüsse und Meere. Und ich höre den Schrei der Welt nach Erlösung – einen Schrei, in den ich selbst einstimme. Ich sträube mich gegen das Leid, hätte die Erde gerne als Paradies, würde am liebsten kein Elend mehr sehen und spüren, sondern nur noch Glück und Freude.

So etwas ist zutiefst menschlich, es ist eine unausrottbare Sehnsucht, ein verständlicher Wunsch – und doch ein frommer Wunsch. Die Wirklichkeit sieht nun mal anders aus.

Das weiß ich auch, ich werde ja aus den Träumen immer wieder schnell auf den Boden der Tatsachen zurückgeholt. Aber dort gehe ich dann mit der rauhen Wirklichkeit auf eine Weise um, die mich unzufrieden macht. Teils verdränge ich die traurigen Tatsachen, will sie nicht wahrhaben, schaue weg, betäube mich, um sie nicht mehr zu sehen.

Teils verzweifle ich, indem ich sage: „Ist sowieso nichts dran zu ändern, selbst wenn ich mich bemühe!" Verdrängen, resignieren, kapitulieren – das kann doch nicht die Lösung sein!

Ich fange neu an!

In einer leidvollen Situation widerfährt mir, genau betrachtet, nichts Außergewöhnliches – jeder Mensch leidet auf vielfältige Weise. Ich muß lernen, diese Normalität, diese Wirklichkeit anzunehmen, zu bejahen, mich gelassen einzuordnen in das große Spiel des Lebens, besser: in den großen Plan Gottes.

Doch hat Gott selbst etwa das Leid in diesen Plan „eingebaut"? Und warum? Fragen ohne Antwort. Eines aber weiß ich: Gott ist Liebe, er kämpft gegen das Leid – gerade in Jesus.

Und weil über allem Quälenden und Rätselhaften nur eines waltet, nämlich Gottes Gedanken der Liebe und des Friedens, darf ich darauf vertrauen, daß es mitten im Dunkel der Welt eine Dynamik der Liebe gibt, hin zum Licht, zur Vollendung. Ich darf Spuren dieses Lichts in meinen Alltagsnöten erfahren. Darf erfahren: Gott ist an meiner Seite, gibt mir Kraft zum Durchhalten, zum Standhalten.

Ich lasse mich nicht kleinkriegen, sondern kämpfe nach Gottes Vorbild und mit seiner Hilfe durchaus erfolgreich gegen eigenes Leid und gegen die Nöte der Welt. Und wo ich eigenes Leid nicht beseitigen kann, versuche ich, es unter positiven Gesichtspunkten gelassen anzunehmen – als Prozeß meines menschlichen Wachstums, als Hilfe zu mehr Gottvertrauen.

Außerdem will ich nicht vergessen, daß zur Wirklichkeit neben meinen Leiden auch noch viele kleinere und größere tägliche Freuden gehören. Und dieses Gemisch ist gut: So nur, unter Sonne *und* Regen, kann ich reifen. So nur kriege ich das Leben in seiner ganzen Fülle mit.

Impulse aus der Bibel

Der Herr ist mein Hirt. Nichts wird mir fehlen. Er führt mich
auf grüne Weiden und zu frischen Quellen. Er gibt mir neue
Kraft. Er leitet mich auf sicherem Weg, weil er der gute Hirt ist.
Und muß ich auch mitten durchs finstere Tal – ich fürchte
kein Unheil, denn du, Herr, bist bei mir! Du schützt mich und
führst mich und machst mir Mut. Du deckst mir den Tisch vor
den Augen meiner Feinde.
Du nimmst mich freundlich auf und gibst mir mehr als genug.
Deine Güte und Liebe begleiten mich an jedem Tag, für immer
darf ich in deinem Haus bleiben. *(Psalm 23)*

Alles auf der Erde hat seine Zeit: geboren werden und sterben,
einpflanzen und ausreißen, töten und Leben retten, nieder-
reißen und aufbauen, weinen und lachen, klagen und tanzen,
Steine werfen und Steine sammeln, umarmen und loslassen,
finden und verlieren, aufbewahren und wegwerfen, zerreißen
und zusammennähen, reden und schweigen, lieben und
hassen, Krieg führen und Frieden schaffen.
Weinen ist besser als Lachen, Trauer verändert den Menschen
zum Guten. Laß dich nicht aus der Ruhe bringen! Wenn es dir
gutgeht, dann freue dich über diesen Glückstag! Und wenn es
dir schlechtgeht, dann denk daran: Gott läßt dir beides zukom-
men, und du weißt nicht, was als nächstes kommt.
Ich habe versucht, das Tun und Treiben auf der Erde zu verstehen. Doch ich mußte einsehen: Was Gott tut und auf der
Erde geschehen läßt, kann der Mensch nie vollständig in
seinen Zusammenhängen begreifen – mag er sich noch so
anstrengen. *(Prediger Salomo, Kapitel 3, 7, 8)*

Worte der Ermutigung

Das Leben und Sterben um uns her erscheint uns wie ein düsterer Teppich mit furchterregendem, sinnlosem Muster. Das ist aber nur die untere Seite. ... Einst werden wir auch die obere Seite sehen dürfen. Dann werden wir ob des unfaßbaren Wunders staunen und Gott dafür danken. *(Corrie ten Boom)*

Erinnere dich in jeder dunklen Stunde daran, daß du ... nur wie durch einen dunklen Tunnel gehst. Die Sonne scheint noch immer, auch wenn der Reisende sie nicht sieht. ... Diese dunkle Stunde hat der Herr nur zugelassen, „auf daß euer Glaube rechtschaffen ... erfunden werde". *(Hannah Whitall Smith)*

Gott will, daß wir wissen, daß er uns in Wohl und Weh immer in der gleichen Hut erhält und uns in Wohl und Weh immer gleich liebt. *(Juliana von Norwich)*

Es kommt das Leid,
es geht die Freud;
da geht das Leid –
die Tage sind nimmer dieselben.
(Theodor Storm)

Wenn der Wind nicht wäre
und die Wolke in Blau,
nähme ich alles Schwere
viel zu schwer und genau. ...
Wenn nicht Geheimnis bliebe,
was mir warum widerfährt,
wäre die Welt keine Liebe
und keine Traurigkeit wert.
(Detlev Block)

Mit Kritik vernünftig umgehen

So nicht weiter!

Wenn mich jemand kritisiert, fahre ich gleich aus der Haut. Egal, ob es sich um berechtigte oder unberechtigte Kritik handelt. Vor allem regt mich unberechtigte Kritik auf – wobei ich mich zugleich frage: Wenn ich weiß, daß ich in einer bestimmten Situation nichts falsch gemacht habe, wenn ich von der Richtigkeit meines Handelns überzeugt bin, warum lasse ich mich derart reizen? Habe ich zu wenig Selbstbewußtsein? Bin ich zu wenig von mir und meiner Sache überzeugt?

Ich schaffe es auch nicht, berechtigten Tadel anzunehmen und aus ihm für mein Verhalten zu lernen. Vielleicht hängt das damit zusammen, daß ich mir selbst gegenüber nicht kritisch eingestellt bin.

Daß ich zum Beispiel zwar spüre: Ich handle in dieser Situation gegen die Nächstenliebe, weil ich mit Menschen schäbig umspringe – daß ich das aber nicht weiter an mich heranlasse und lieber auf dem breiten, bequemen Werg der Lieblosigkeit weitermarschiere. Selbstkritik würde mich beunruhigen, verunsichern, Schwieriges von mir verlangen.

Manchmal steigere ich mich gar in die Selbstherrlichkeit, grundsätzlich nichts falsch zu machen – dann ist Selbstkritik eh kein Thema für mich. Doch wenn ich Selbstkritik nicht zulasse – wie soll ich Kritik von außen zulassen können?

Und beides schadet mir. Umgekehrt bin ich groß im Kritisieren anderer – leider meist so, daß ich als nörglerischer Kritikaster auftrete, lieblos herummeckere, andere kleinlich bekrittle, sie dadurch verletze und gar nichts bei ihnen erreiche.

Ich fange neu an!

Echte Kritik heißt: Fehler erkennen, benennen und bessere
Verhaltensmöglichkeiten aufzeigen – freundlich, feinfühlig,
als Kritik am Verhalten und nicht an der Person. Es geht also
um eine kritisch-aufbauende Einstellung. Kleinliches, lieb-
loses Kritisieren hingegen ärgert nur und führt zu nichts.
Berechtigte, aufbauende Kritik anderer nehme ich dankbar an.
Das haut bloß hin, wenn ich gesunde Kritik auch und erstmal
von mir selbst annehme, mir nämlich unter Orientierung an
Gottes Wort Fehler eingestehe und bessere Wege suche.
Ich lerne auch von „stummer" Kritik anderer: Jemand kritisiert mich nicht mit Worten, doch ist sein gutes Tun als
solches schon Kritik an meinem Verhalten.
Verzichten kann ich allerdings auf nörglerische Krittelei ande-
rer, mag sie im Ansatz auch berechtigt sein. Sie führt zu
nichts! Unberechtigte Kritik oder Krittelei anderer schließlich
lasse ich von mir abprallen – konkret dann, wenn ich keinen
Fehler gemacht habe oder von der Richtigkeit meines eigenen
Weges überzeugt bin.
Und meine unberechtigten, nörglerischen, zerstörerischen,
dauernden Selbstvorwürfe mit Wurzel in der Kindheit über-
winde ich durch mehr Selbstbewußtsein.
Diese Grundsätze gelten auch umgekehrt für meine Kritik an
Menschen und Gesellschaft: Statt unberechtigt oder nörgle-
risch zu kritisieren, beobachte ich das Tun und Treiben
kritisch unter dem Aspekt der Liebe, benenne deutlich, doch
feinfühlig Fehler, schlage neue Wege vor. Und gehe im Wissen
um eigene Fehler verständnisvoller mit anderen um.

Impulse aus der Bibel

Wer lernen will, läßt sich gern zurechtweisen; wer Kritik und
Tadel nicht erträgt, bleibt dumm. In Schande gerätst du, wenn
du dir nichts sagen läßt und vernünftige Zurechtweisung ab-
lehnst; wenn du Kritik aber annimmst, kommst du zu Ehren.
Wer sich korrigieren läßt, findet tiefere Einsicht. Deutliche
Kritik des Freundes meint es gut mit dir, doch übertriebene
Schmeichelei des Feindes ist Lug und Trug. *(Sprüche Salomos,
Kapitel 12, 13, 15, 27)*

Die Gesetzeslehrer schleppten eine Frau zu Jesus und sagten:
„Sie wurde beim Ehebruch erwischt. Nach dem Gesetz müssen wir sie deshalb steinigen. Was meinst du dazu?"
Aber Jesus bückte sich nur und schrieb mit dem Finger auf die
Erde. Als sie nicht aufhörten zu fragen, richtete er sich auf und
sagte zu ihnen: „Wer von euch noch nie eine Sünde begangen
hat, werfe den ersten Stein auf sie!" Dann bückte er sich
wieder und schrieb weiter auf die Erde.
Als sie das hörten, schlich einer nach dem anderen stillschwei-
gend davon – als erstes die Ankläger. Schließlich war Jesus
allein mit der Frau. Er stand wieder auf und fragte sie: „Wo sind
deine Ankläger? Hat dich denn keiner verurteilt?" – „Nein",
antwortete sie.
Jesus sagte: „Ich verurteile dich auch nicht. Geh nun, aber tu
bitte eines: Du hast einen Fehler gemacht, doch mach ihn
nicht wieder, sondern bessere dein Leben!" *(Evangelium des
Johannes, Kapitel 8)*

Worte der Ermutigung

Ich stelle täglich drei Fragen an mich selbst: War ich in dem, was ich für andere tat, auch wirklich gewissenhaft? War ich meinen Freunden gegenüber vollkommen aufrichtig? Habe ich alle Lehren, die mir zuteil wurden, auch tatsächlich befolgt? *(Konfuzius)*

Das ist die klarste Kritik der Welt,
wenn neben das, was ihm mißfällt,
einer was Eignes, Besseres stellt.
(Emanuel Geibel)

Ermahnen ist besser als schelten. Jenes ist sanft und freundlich, dieses hart und rücksichtslos. Jenes sucht die Fehler zu bessern, dieses nur zu überführen. *(Epiktet)*

Nur wenige Menschen sind klug genug, hilfreichen Tadel nichtssagendem Lob vorzuziehen.
(François La Rochefoucauld)

Das Mitwirken der anderen: Nur die Korrektur (seitens) des Gegenübers ermöglicht es mir, mich zur originalen Gottesebenbildlichkeit weiterzuentwickeln. *(Katharina Tobien)*

Durch Verzicht gewinnen

So nicht weiter!

Verzichten? Bloß das nicht! Ich höre doch andauernd was von „Gürtel enger schnallen" – der gesellschaftlich verordnete Zwang zum Verzichten schlägt mir auf den Magen! Wieviel will mir der Staat denn noch wegnehmen? Na gut, es gibt auch eine ganze Reihe Leute, die aus irgendwelchen edlen Gründen freiwillig verzichten, aber die kommen mir ehrlich gesagt ziemlich seltsam vor – so streng, verhärmt, verkniffen, ohne Lebenslust!

Andererseits: Was bringt es mir eigentlich, wenn ich mich der gesellschaftlich gepflegten Raffgier und Geldgier anschließe? Wenn ich etwas sehe, das mir zwar gefällt, das ich aber eigentlich gar nicht brauche und trotzdem kaufe?

Wenn ich mir bis unters Dach Sachen anhäufe, die ungenutzt verstauben? Wenn ich vor lauter Raffen nicht mehr zum Genießen komme? Wenn ich meinen Selbstwert und mein Selbstwertgefühl abhängig mache von äußeren Dingen, von meinem Besitz?

Und schnell verfliegt die Freude über etwas Neuerworbenes, sei es nützlich oder unnütz und noch so attraktiv. Ja, die Dinge selbst sind anfällig und vergänglich. Ich kann sie nicht festhalten, ich verliere sie, spätestens mit meinem Tod – da hilft keine Hochsicherheitsanlage!

Diese Gier und Jagd nach Besitz – die sich immer steigert, weil jedem erfüllten Wunsch gleich der nächste, größere folgt –, dieses Besitzen von an sich Unnötigem bringt Verkrampfung, Verlustängste, innere Unfreiheit, innere Leere mit sich. Ob an Verzicht vielleicht doch was dran ist?

Ich fange neu an!

Mir geht's um freiwilligen Verzicht. Das gilt natürlich nicht, wenn ich in erbärmlicher Armut lebe, sondern nur, wenn ich etwas habe, auf das ich verzichten kann und das ich eigentlich gar nicht brauche. Loslassen, Verzichten ist Beleg, daß ich nicht süchtig an materiellen Dingen klebe und von ihnen wie von Götzen beherrscht bin, sondern frei über sie verfüge und sie zuverlässig verwalte als Gottes Gaben an mich.

Mehr noch: Wenn ich auf Wünsche nach unnützem Besitz verzichte, verhindere ich, daß der Raum meiner inneren Existenz zugeschüttet wird. Wenn ich mich von vorhandenem überflüssigem Besitz löse, gewinne ich zugeschütteten Raum zurück. Auf die Weise bin ich frei für mich selbst, für Gott, für Menschen und Natur.

Gerade im Blick auf Gott erkenne ich, wie unwichtig irdischer Besitz ist im Vergleich zu wirklich Wichtigem und kann um so leichter loslassen. Außerdem stelle ich mich durch Verzicht bewußt gegen die Meinung, menschlicher Wert hinge ab vom Besitz. Grundlage meines Selbstwerts ist allein meine gottgeschenkte Würde. Und schließlich kann Verzicht sozialen Aspekt haben als Teilen mit denen, die weniger besitzen.

Ich suche ganz bewußt den einfachen Lebensstil in einer geldgeilen, konsumorientierten Welt. Wieviel ich brauche, was überflüssig ist, entscheide ich persönlich für mich. Dabei geht's nicht um ein verkniffenes, verhärmtes Leben – ich darf mir ruhig was gönnen! Ich will das haben, was ich wirklich brauche – und genieße es soweit wie möglich.

Impulse aus der Bibel

Jesus sagte: „Was hat der Mensch davon, wenn er die ganze Welt gewinnt, aber darüber sich selbst verliert? Hütet euch vor aller Habgier! Keiner gewinnt sein Leben aus dem Besitz, auch wenn der noch so groß ist!"
Und er erzählte ihnen eine Geschichte: „Ein reicher Gutsbesitzer hatte eine sehr gute Ernte. Er überlegte: ‚Was soll ich machen? Meine Scheunen sind zu klein dafür! Ich reiße sie einfach ab und baue größere mit Platz für alles Getreide und meinen ganzen Besitz! Dann kann ich mit mir selbst zufrieden sein und habe für lange Zeit ausgesorgt. Ich will mir Ruhe gönnen, nach Herzenslust essen und trinken und das Leben genießen!' Aber Gott sagte zu ihm: ‚Du Narr! Noch in dieser Nacht mußt du sterben! Was bleibt dir dann von all deinem Besitz?'
So trifft es jeden, der auf der Erde Besitz anhäuft, aber mit leeren Händen vor Gott steht! Trennt euch von Besitz, verkauft ihn, gebt das Geld den Armen! Sammelt euch lieber Reichtümer bei Gott! Euer Herz ist immer da, wo eure Schätze sind!" *(Evangelium des Lukas, Kapitel 9 und 12)*

Häng dein Herz nicht an irdischen Besitz. Nichts haben wir in die Welt mitgebracht, nichts nehmen wir mit hinaus. Wenn wir Nahrung und Kleidung haben, wollen wir zufrieden sein. Wie oft haben sich Menschen, die reich werden wollten, schlimm verstrickt!
Denn alles Böse wächst aus der Habgier. Manche sind ihr so verfallen, daß sie darüber den Glauben verloren und sich in Not und Elend gebracht haben. *(1. Brief an Timotheus, Kapitel 6)*

Worte der Ermutigung

Je weniger Gepäck wir haben, desto leichter wandern wir.
(Luise Rinser)

Er hat alles
sie hat alles
wenn das alles ist
ist das zu wenig
(Lieselotte Rauner)

Mit einer Handvoll Reis zufrieden leben ist besser, als einen Speicher voll Reis in Sorge verzehren. *(Aus Indonesien)*

Das ist die Haltung der Sucher und Finder: Nicht auf Sicherheit, auf Sinn eingestellt, können sie auf fast alles verzichten, nur nicht auf ihren Entwurf von der Welt. *(Eva Strittmatter)*

Am reichsten sind die Menschen, die auf das meiste verzichten können. *(Rabindranath Tagore)*

Das Gewissen schärfen

So nicht weiter!

Was ist gut, was ist böse? Was ist sittlich verantwortbar? Vor diesen Fragen stehe ich laufend. Ich beurteile in der konkreten Situation – und habe mir angewöhnt, grundsätzlich meine eigene, persönliche Meinung für irrtumsfrei, für unfehlbar zu halten. Das ist dann entweder eine Meinung, die ich ohne bewußte Orientierung an irgend etwas anderem aus persönlichen „Eingebungen" gewonnen habe und in die ich mir von niemanden reinreden lasse.

Oder es ist eine Meinung, die sich an dem orientiert, was „man" so will und für richtig hält – ich folge dem Massengeschmack, dem Zeitgeist. Was die meisten für richtig halten, wird schon stimmen und ist mein Orientierungswert.

Zugleich habe ich aber Bedenken: Ist die Stimme des Volkes wirklich die Stimme Gottes? Wenn alles nach Vergeltung oder Todesstrafe schreit, darf ich das wirklich als richtig annehmen und unterstützen? Wenn die öffentliche Meinung dahin geht, nur noch ans Eigenwohl zu denken und den Notleidenden immer weniger zu helfen – darf ich da mitmachen?

Und wie schnell ändert sich öffentliche Meinung – darf ich wirklich zum Fähnchen im Wind werden? Lasse ich mich durch Eingehen auf den Zeitgeist nicht sogar völlig manipulieren?

Und wenn ich auf der anderen Seite mich selbst zum Maßstab aller Dinge mache, mir grundsätzlich von niemandem in das reinreden lasse, was ich für gut und richtig befinde, verfalle ich damit nicht in bedenkliche Selbstherrlichkeit, Selbstgerechtigkeit, Selbsttäuschung?

Ich fange neu an!

Sittliche Entscheidungen muß ich mit Hilfe der Vernunft treffen, und die äußert sich in einem Gewissensspruch. Er sagt mir, was ich in einer konkreten Situation zu tun habe. Schon vor diesem Entscheid, vor diesem Tun, wirkt in mir eine naturgegebene Kraft, das Gute und nicht das Böse zu tun – eine Kraft, die aus dem Gewissensspruch mehr macht als ein bloßes Verstandesurteil. Der Spruch kommt also aus meiner ganzen Persönlichkeit als „innere Stimme".

Gewissensentscheid kann bedeuten, mich an *konkreten* Weisungen Gottes zu orientieren und sie zu verwirklichen. Sind die Verhältnisse komplizierter, kann es aber auch bedeuten: Ich orientiere mich nur, doch immerhin, an *allgemeinen* Weisungen Gottes zur Liebe und entscheide auf dieser Basis in der konkreten Situation schöpferisch selbst, was sinnvoll ist. Immer also richte ich mich an Gottes unveränderlichen Weisungen aus statt an eigenen oder gesellschaftlichen Maßstäben.

Halte ich mich bewußt nicht an Gottes Weisungen und klagt mich mein Gewissen deswegen an, will Gott mir seine Vergebung zusprechen. Ich kann auch unverschuldet „guten Gewissens" irren.

Dann bin ich überzeugt, richtig zu handeln, tatsächlich jedoch ist es falsch. In dem Fall habe ich zwar meinem Gewissen zu folgen. Aber: Ursache eines solchen Verhaltens kann sein, daß ich nicht richtig offen bin für Gottes Weisungen und unkritisch gegenüber mir selbst. Deshalb muß ich wachsam sein im Blick auf das, was ich für die Stimme meines Gewissens halte.

Impulse aus der Bibel

Gott sprach zu Mose: „Ihr sollt heilig sein, denn ich, euer Gott, bin heilig. Ihr sollt meinen Sabbat heiligen und euch keine eigenen Götzen schaffen. Wenn ihr erntet, sollt ihr die Felder nicht restlos abmähen, sondern etwas übriglassen für Arme und Fremde. Vergreift euch nicht am Eigentum anderer, belügt und betrügt einander nicht.

Unterdrückt, erpreßt und beraubt niemanden. Werft einem Blinden keinen Knüppel zwischen die Beine. Nehmt meine Weisungen ernst! Bevorzugt weder den Armen noch den Reichen. Gerechtigkeit sei euer Maßstab. Verbreitet keine Verleumdungen über eure Mitmenschen und tut nichts, was das Leben anderer gefährdet.

Stimmt etwas nicht zwischen dir und deinem Mitmenschen, dann vergrab dich nicht in Haß, sondern rede offen mit ihm. Räche dich nicht, sei nicht nachtragend. Liebe deinen Mitmenschen wie dich selbst. Orientiert euch an meinen Weisungen, lebt nach ihnen! Ich bin der Herr!" *(3. Buch Mose, Kapitel 19)*

Laßt uns einander lieben – nicht mit leeren Worten, sondern tatkräftig und aufrichtig. So können wir mit gutem Gewissen und beruhigtem Herzen vor Gott treten.

Doch auch, wenn unser Gewissen uns anklagt, weil unsere Liebe doch immer Stückwerk bleibt, dürfen wir vertrauen: Gott ist größer als unser Herz – er weiß alles, kennt unser Bemühen und unsere Grenzen.

Wenn uns unser Gewissen nicht mehr verurteilt, stehen wir mit zuversichtliche Freude vor Gott – wir befolgen seine Weisungen und leben so, wie es ihm gefällt. *(1. Brief des Johannes, Kapitel 3)*

Worte der Ermutigung

Die Wahrheit hat nichts zu tun mit der Mehrheit der Leute, die von ihr überzeugt sind. *(Paul Claudel)*

Es gibt tief in unserer Seele ein angeborenes Prinzip der Gerechtigkeit und der Tugend, nach dem wir unsere Handlungen und die anderer beurteilen, ob sie gut oder böse sind. Und diesem Prinzip gebe ich den Namen Gewissen. *(Jean-Jacques Rousseau)*

Gewissenlosigkeit ist nicht der Mangel des Gewissens, sondern der Hang, sich an dessen Urteil nicht zu kehren. *(Immanuel Kant)*

Jeder Gewissensbiß ist ein Ahnen Gottes. *(Peter Ustinov)*

Das Leben ist schön, ... wenn Eintracht herrscht zwischen unserer Arbeit, unserem Gewissen, unserer Seele und Gott. *(Adéle Kamm)*

Streitkultur einüben

So nicht weiter!

In der Auseinandersetzung, im Miteinander-Diskutieren, im offenen Streitgespräch bin ich kein Meister. Häufig vergesse ich die einfachsten Regeln einer vernünftigen Auseinandersetzung – will nicht wahrhaben, daß auch in der Meinung des anderen Menschen Wahrheit stecken kann, sondern bin nur darauf aus, den anderen von meiner eigenen Meinung zu überzeugen, die ich rechthaberisch für die einzig richtige halte. Demzufolge bin ich nicht offen für die Argumente des anderen, höre sie gar nicht wirklich an und lasse ihn kaum ausreden.

Darüber hinaus habe ich weitere Probleme mit einer sinnvollen Auseinandersetzung. Nicht selten stehe ich wie unter Zwang, dem anderen alles, aber auch wirklich alles ehrlich zu sagen – obwohl das im konkreten Fall nichts Positives bewirkt, sondern nur zerstörerische Folgen beim anderen hat. Um so mehr, wenn ich nicht nur einfach alles sage, sondern es zugleich auf verletzende Weise sage.

Oder ich sage etwas, das zum Nutzen des anderen tatsächlich offen gesagt werden sollte – nur: Ich bringe es ebenfalls in einer Art vor, die unnötig verletzend ist und den anderen vielleicht sogar hindert, aus meinen Worten vernünftige Konsequenzen zu ziehen.

Übertriebene oder brutale Ehrlichkeit – das passiert mir unabhängig von Auseinandersetzungen auch sonst schon mal: wo ich jemandem knallhart etwas sage, was ich besser gar nicht oder zumindest nicht so hart gesagt hätte – weil es den anderen völlig sinnlos verwundet und alles noch schlimmer macht.

Ich fange neu an!

Alles total offen bereden? Hier muß ich vorsichtig sein! Auseinandersetzung ist zwar notwendig, aber ich muß einiges beachten. Da ist die Sache mit der Ehrlichkeit. Es kann nötig sein, bestimmte Dinge für mich zu behalten – nicht aus Angst, sondern aus Liebe. Also: Nützt es wirklich, wenn ich klar meine Meinung sage? Oder tut es dem anderen unnötig weh? Totale, gar brutale Ehrlichkeit kann verheerend wirken.

Ist Offenheit um der Liebe willen angebracht, dann wird der andere erst verletzt sein – wer reagiert schon begeistert auf Kritik? Doch mein klares Wort soll und kann ihm nutzen. Ich darf allerdings nicht zu sehr verletzen, sondern sollte feinfühlig sein, die behutsame der direkten Kritik vorziehen und sie mit positiven Anmerkungen „garnieren".

Außerdem muß ich bei Auseinandersetzungen wissen, ob der andere mich bloß mißversteht oder unterschiedlicher Meinung ist. Reine Mißverständnisse sind durch Fakten auszuräumen. Sinnlos ist das bei *grundsätzlicher* Meinungsverschiedenheit.

Bin ich von etwas völlig überzeugt – was relativ Weniges, doch Wesentliches betrifft –, etwa von gewaltfreier Nächstenliebe, dann stehe ich so fest dazu wie ein hundertprozentiger Gewalt-Fan zu seinen Ideen. Es gibt in der Diskussion kein Übereinkommen oder gar eine „Bekehrung". Ein „Ausdiskutieren" ist zwecklos. Eindruck kann nur mein gutes Leben machen.

Meist sind Meinungsverschiedenheiten aber weniger kraß. Dann gibt es auf beiden Seiten die Chance, wirklich zuzuhören und sich durch Fakten korrigieren zu lassen.

Impulse aus der Bibel

Liebe, die offen und ehrlich etwas anmahnt, ist besser als Liebe, die aus lauter Angst schweigt. Doch dumm handelt, wer unüberlegt redet. Worte haben Macht – sie können über Leben und Tod entscheiden.
Die Worte des Gedankenlosen verletzen wie Messerstiche. Wohl dem, der seine Zunge im Zaum hält! *(Sprüche Salomos, Kapitel 27, 29, 18, 13)*

Während Paulus in Athen war, kam es zu einem Streitgespräch mit Philosophen. Einige von ihnen nannten Paulus einen Schwätzer, andere meinten, er verkünde irgendwelche fremden Götter. Denn Paulus hatte von Jesus und seiner Auferstehung gesprochen. Sie sagten: „Uns interessiert deine Lehre. Es ist alles neu für uns, manches klingt sehr fremdartig, und wir würden gerne mehr darüber wissen."
Diese Bitte war nicht ungewöhnlich, denn in Athen war es üblich, neue Ideen gerne anzuhören und zu diskutieren. Paulus antwortete: „Ich sehe, daß es euch mit der Religion ernst ist. In eurer Stadt habe ich sehr viele heilige Stätten gefunden, auch einen Altar mit der Inschrift: ‚Einem unbekannten Gott.' Von diesem Gott, den ihr verehrt, ohne ihn zu kennen, spreche ich. Er hat gewollt, daß die Menschen ihn suchen, erspüren und finden. In ihm allein leben und existieren wir."
Als Paulus dann aber von der Auferstehung der Toten sprach, lachten ihn einige aus, während andere sagten: „Darüber wollen wir ein andermal reden." Als Paulus die Versammlung verließ, schlossen sich ihm einige an und kamen zum Glauben. *(Apostelgeschichte, Kapitel 17)*

Worte der Ermutigung

Nicht jene, die streiten, sind zu fürchten, sondern jene, die ausweichen. *(Marie von Ebner-Eschenbach)*

Man muß sich aneinander
zu reiben wagen,
will man selbander
Funken schlagen.
(Gerhard Schumann)

Wer seine Gedanken nicht auf Eis zu legen versteht, der soll sich nicht in die Hitze des Streites begeben.
(Friedrich Nietzsche)

An manchem Ort wär´ volle Offenheit
nur lächerlich und schwerlich an der Zeit.
(Jean-Baptiste Molière)

Die Zunge mag schweigen, wenn nur die Tat spricht.
(Samuel Smiles)

Glücklich sein

So nicht weiter!

Mit meinen Vorstellungen vom Glück komme ich nicht weiter, sondern bin im Endeffekt unbefriedigter als vorher. Da muß was faul sein an diesen Vorstellungen, sie sind offenbar sehr eingeschränkt, völlig unzureichend. Glück, darunter verstehe ich in erster Linie Glückstreffer – für die ich selbst sorge, die ich also selbst lande, oder die mich schicksalhaft ereilen.

Außerdem suche ich mein Glück in oberflächlichen Vergnügungen, in High-Life und Ramba-Zamba. Und: Ich suche das ununterbrochen dauernde und vollkommene irdische Glück.

Um das alles zu erreichen, drehe ich mich wie wild um mich selbst, mache mein persönliches Glück zum Mittelpunkt meines Lebens, zum Götzen, jage dem Glück in egoistischer Manier nach. Und merke dann: Auf diese Weise verhindere ich mein Glück, mein Glücklich-Sein. Das gute Gefühl, gar ein Hochgefühl will sich nicht richtig einstellen.

Meine Jagd läßt mich ungestillt, unbefriedigt zurück. Ich kämpfe um ein großes zukünftiges Glück und verpasse die vielen Augenblicke, in denen ich ohne Kampf Bruchstücke vom großen Glück geschenkt bekommen könnte.

Außerdem blende ich die Wirklichkeit aus und konzentriere mich auf Illusionen, wenn ich vom vollkommenen Glück auf Erden träume – und dieses Konzentrieren auf die Illusion bedeutet nicht nur das Nicht-Wahrhaben der traurigen Wirklichkeiten, sondern auch das Übersehen der kleinen alltäglichen Glücksmomente.

Ich fange neu an!

Meine Sehnsucht nach vollkommenem Glück ist gott-
geschenkt. Nur: Auf der Erde kann ich vollkommenes, andau-
erndes Glück nicht finden. Ich will hier aber so viele Bruchstücke des Glücks wie möglich sammeln und gezielt das
suchen, was meine Glückssehnsucht am tiefsten stillt – ohne
mein persönliches Glück in egoistischer Art zum Götzen zu
machen. Ich will glücklich sein – und das ist völlig in
Ordnung!

Glück ist ein Wohlgefühl, teils ein Hochgefühl. Es kann sich
aus äußeren Umständen ergeben, die ich selbst schaffe – indem
ich mir ohne Egoismus Gutes tue, indem ich anderen Gutes
tue.

Es kann sich auch aus äußeren Umständen ergeben, die mich
„einfach so" überraschen – wenn ich Schönheit, Zärtlichkeit
erfahre oder erlebe, wie jemand gesundet.

Allerdings: Äußere Umstände per se bewirken noch kein
Glücksgefühl. Das habe ich nur, wenn ich an die alltäglichen
Umstände mit offener Einstellung herangehe, bereit bin, mich
beglücken zu lassen.

Vor allem jedoch: Mein tiefstes Glück kommt nicht aus äußeren Umständen, sondern aus der Offenheit für Gott, aus dem
Glauben an den Gott, der mich bedingungslos liebt. Dann
kann ich selbst bei schlimmen äußeren Umständen in mir
mein Glück bewahren durch das Geborgensein in Gott.

Auch dieses Glück ist aber nicht dauernd und vollkommen,
weil mein Gottvertrauen schwankt. Andererseits: Gott ist
nicht nur die eigentliche, sondern im Gegensatz zu den anderen Glücksursachen zugleich die einzig bleibende Quelle
meines Lebensglücks. Und einmal, so hoffe ich, finde ich für
immer in Gott das vollkommene Glück.

Impulse aus der Bibel

Gott, du bist mein Gott, ich sehne mich nach dir, ich dürste
nach dir wie ausgedörrtes Land. Deine Liebe bedeutet mir
mehr als das Leben. Ich will dich loben, meine Hände zum
Gebet erheben.
Du machst mich glücklich und zufrieden, in deinem Schutz
bin ich sicher und geborgen. Ich setze mein Vertrauen auf dich,
darf dir immer nahe sein – du bist mein ganzes Glück!
(Psalm 63 und 73)

Hört die Weisungen, die zum Leben führen! Warum seid ihr so
heruntergekommen? Weil ihr die Quelle des wahren Lebens
verlassen habt und Gottes Weisungen nicht befolgt habt! Laßt
euch sagen, wo Einsicht und Klugheit zu finden sind, damit ihr
erkennt, was zu einem erfüllten Leben führt, was euch Glück
bringt und eure Augen vor Freude strahlen läßt.
Faßt Mut, wendet euch in eurer Trübsal an Gott! Ja, fasse Mut
– dein Gott, der dich beim Namen gerufen hat, steht dir bei!
Schau dorthin, wo die Sonne aufgeht! Gott gibt dir Freude und
Frieden.
Leg die zerrissenen Kleider des Elends und der Trauer ab,
schmück dich mit dem Glück und der Herrlichkeit, die Gott
dir für immer und ewig schenken will! Leg den Segen, die Liebe
deines Gottes als Mantel um, trag als Krone den göttlichen
Lichtglanz! *(Baruch, Kapitel 3, 4, 5)*

Worte der Ermutigung

Der Unterschied zwischen Glück und Vergnügen ist derselbe wie zwischen einem Kahn und einem Ozeandampfer. Auf den Tiefgang kommt es an. *(Ewald Balser)*

Möglichst viel Glück, sagt man. Aber wie, wenn die höchste Glücksempfindung einen Menschen voraussetzte, der auch Allertiefstes *gelitten* haben muß? Wenn Glücksgefühl überhaupt erst möglich wäre in einem durch Lust *und* Unlust gereiften Herzen? *(Christian Morgenstern)*

Das Glück ist in uns. Wie wäre es sonst möglich, daß ein Bettler lächeln und ein Reicher es verlernt haben kann? *(Curt Goetz)*

Ich besitze weder Vermögen noch Scheckheft, doch auch ohne Lebensversicherung bin ich sicher wie ein schlafendes Kind in den Armen seiner Mutter. *(Ernesto Cardenal)*

Alles körperliche Glück ist dem Glück des Göttlichen unvergleichbar. *(Gertrud von Helfta)*

Kreativ leben

So nicht weiter!

Es gibt genug Leute, die sich schon in jungen Jahren zur Ruhe setzen und meinen, am Ziel zu sein. Ohne waches Interesse dämmern sie tagsüber auf Bürostühlen und abends in Fernsehsesseln dahin, haben keine Lust mehr, ansonsten neue Erfahrungen zu machen.

Ich rege mich darüber auf – wie kann man am vollen Leben nur derartig vorbeileben! Und spüre gleichzeitig: Menschenskind – ich bin eigentlich selbst einer von diesen Ruheständlern! Wenn ich über die Trägheit anderer schimpfe, kritisiere ich mich selbst!

Natürlich darf und muß ich es mir immer wieder bequem machen – aber ich darf es damit nicht übertreiben! Mein Geist, meine Seele, mein Körper verrosten, wenn ich zu träge bin und mich sträube, an ihnen und mit ihnen etwas zu unternehmen.

Ich baue schlicht und einfach ab! Wann lasse ich mich wirklich noch aufs Leben ein, wage Neues? Selbstzufrieden und bequem pendle auch ich zwischen Bürostuhl und Fernsehsessel, ohne Mut zur Kreativität, zum Schöpferischen, zum Wagnis.

Experimente machen mir angst. Zum einen sind sie mit Unsicherheiten verbunden – ich frage mich: Was wird, wenn ...? Ich habe Erfolgsängste: Ob ich das wirklich schaffe? Ich habe Versagensängste: Das schaffe ich bestimmt nicht!

Zum anderen bin ich darauf getrimmt, mich nicht nach all meinen Möglichkeiten frei zu entfalten. Also verharre ich in der Bequemlichkeit. Mag sein, daß ich im Beruf zwar vorwärtskomme – aber ansonsten: tote Hose!

Ich fange neu an!

Weg mit kleinmütigen Ängsten! Ich habe großartige Chancen, habe wie jeder Mensch genug Fähigkeiten und Möglichkeiten, mich schöpferisch-produktiv zu entfalten. Ich bin doch Ebenbild Gottes, des Schöpfers! Und seine Gabe, der Heilige Geist, ist immer gut für Überraschungen!

Also will ich mich – und wäre ich noch so alt – täglich fürs Leben öffnen, will hinzulernen, mich einfallsreich und phantasievoll an Neues wagen, will hoffnungsvoll experimentieren und mich persönlich entwickeln. Es geht nicht um kopflose Waghalsigkeit, sondern ich will einfach ausprobieren, wozu ich fähig bin. Und aus Fehlern lerne ich nur.

Ich interessiere mich für Gott und Welt, kümmere mich um Anregendes, um Musik, Theater, Bücher, Filme, Zirkus, Ausstellungen. Vielleicht male oder musiziere ich sogar selbst einmal. Oder ich treibe Sport, verreise, lerne neue Sprachen.

Auf das, worum ich sonst eher einen Bogen mache, gehe ich offen und interessiert zu, trotz anfänglicher Berührungsängste – das können fremde Menschen sein, das kann ebenfalls Computertechnik sein. Und ich wage das Abenteuer der Liebe, setze mich da ein, wo ich von Menschen gebraucht werde.

Ich frage mich: Was wollte ich schon immer gerne machen – habe es bislang aber nicht getan? Warum nur ausgetretene, langweilige Wege gehen, warum nicht mal aus der Reihe tanzen? Nur so entdecke ich in jeder Lebensphase erfüllende Lebensmöglichkeiten. Und ich werde einmal aus ganzem Herzen sagen können: „Ja, ich habe gelebt!"

Impulse aus der Bibel

Bemühe dich um immer mehr Erkenntnis und Bildung von Jugend an bis ins hohe Alter, und du wirst weise werden. Wie ein Landwirt, der seinen Acker pflügt und schließlich aberntet, so mußt du dich um Weisheit bemühen. Es kostet einige Mühe, sie zu erwerben, doch in ihrem Dienst hast du nur wenig Mühe und genießt ihre Früchte.

Geh ihren Spuren nach, such sie von ganzem Herzen. Und hast du sie ergriffen, dann laß sie nicht wieder los. Bei ihr findest du Ruhe, all deine Mühen verwandeln sich in Freude. Wie ein prächtiges Gewand wirst du sie tragen, wie eine strahlende Krone.

Wenn du nur willst, kannst du weise werden, du wirst klug, wenn du ganz bei der Sache bist. Wenn du anderen gerne zuhörst, erlangst du Bildung. Geh dorthin, wo die Weisen beieinander sitzen. Hör mit wachem Interesse zu, wenn von Gott und seinem Willen gesprochen wird, laß dir nichts entgehen – und du wächst an Weisheit, Einsicht und Bildung, wie du es ersehnst. *(Jesus Sirach, Kapitel 6)*

Gott, der Herr, spricht: „Es kommt die Zeit, da werde ich alle Menschen mit meinem Heiligen Geist erfüllen. Männer und Frauen werden prophetisch reden, alte Menschen werden großartige Träume haben, die jungen Leute Visionen. Bis hin zu den Knechten und Mägden werde ich meinen Geist ausgießen in jenen Tagen." *(Prophet Joel, Kapitel 3)*

Worte der Ermutigung

Kaum sind wir heimisch einem Lebenskreise
Und traulich eingewohnt, so droht Erschlaffen;
Nur wer bereit zu Aufbruch ist und Reise,
Mag lähmender Gewöhnung sich entraffen.
(Hermann Hesse)

Noch
duftet die Nelke
singt die Drossel
noch darfst du lieben ...
Sei was du bist
Gib was du hast
(Rose Ausländer)

Man staubt Papierblumen ab, wo man Rosen züchten könnte.
(Hans Küng)

Unser Kopf ist rund, damit die Gedanken die Richtung ändern
können. *(Francis Picabia)*

Menschen, die das Risiko scheuen, gehen das größere Risiko
ein. *(George Kennan)*

Stille und Alleinsein suchen

So nicht weiter!

Manchmal spüre ich Sehnsucht, keinen Menschen mehr zu sehen, keinen Lärm mehr zu hören – ich will allein sein, Ruhe haben! Aber gleichzeitig überkommt mich dabei ein ungutes Gefühl. Alleinsein – ist das nicht Einsamkeit, also Verlassenheit, Mutterseelenalleinsein? Bedeutet das nicht, vereinsamt dahinzuvegetieren?

Ich denke an ältere Menschen, denen Verwandte und Bekannte durch den Tod genommen wurden und die dann verbittern. Oder an jemanden, dessen Partner durch einen Autounfall umgekommen ist. Oder an Eheleute, die zu zweit und doch einsam sind, weil sie sich auseinandergelebt haben.

Auf dieses bedrückende Schweigen, dieses einsame Alleinsein kann ich gern verzichten! Wäre es da nicht besser, sich in Hektik und Trubel zu stürzen, um zu vergessen? Nur: Wenn ich mit mir allein nicht zurechtkomme, komme ich auch unter vielen Leuten nicht zurecht, fühle mich vielleicht noch einsamer!

Andererseits fallen mir Menschen ein, die durch Todesfälle zwar allein sind – dabei aber ganz und gar nicht einsam sind, weil sie in sich selbst ruhen und in neuentdeckten Aktivitäten aufgehen. Oder an Mönche, an Nonnen in Schweigeklöstern, die in der Hinwendung zu Gott und im Gebet für die Welt allein, doch nicht einsam sind.

Es gibt offenkundig auch Alleinsein und Stille – seien sie ungewollt über einen gekommen oder gezielt gesucht –, die keine bedrückende, atemraubende Vereinsamung bedeuten, sondern beglückende, atemberaubende Zufriedenheit. Das hätte ich gern!

Ich fange neu an!

Mir geht´s um das bewußt gesuchte Alleinsein, die immer wieder gezielt gesuchte Stille. Das kann „wirkliche" Stille in den eigenen vier Wänden oder in der Natur sein. Das kann auch eine Stille in der Weise sein, daß ich mitten im Lärm den Lärm nicht wahrnehme, ganz auf mich konzentriert bin.

Nur in diesem Alleinsein, dieser Stille habe ich Chancen, meine Talente kreativ zu entfalten. Nur so auch kann ich tiefer zu Gott, zu mir und darüber zu den Menschen finden. Für den Weg zu Gott, zu mir selbst eignet sich gerade die „wirkliche" Stille, etwa in der Natur.

Die Natur kann mir zudem als konkreter Einstieg dienen: Über Sinnes-Wahrnehmungen, etwa die intensive Wahrnehmung einer Blume, lerne ich allmählich auch geistige Wahrnehmungen, werde mir meines Gottes und meiner selbst bewußt.

Es geht bei der Wahrnehmung der Blume wie bei der Wahrnehmung von Gottes Wirklichkeit und Gegenwart wesentlich darum, daß ich ganz im Augenblick lebe, mich nicht durch Nachdenken und Aktionen ablenken lasse, mich immer wieder auf die reine Wahrnehmung konzentriere. Das ist mühsam, aber lohnend.

Ich werde mir meines Gottes tiefer bewußt, begegne ihm, nehme in der Stille seine leise Stimme in mir wahr, erfahre mich selbst besser. Ich pflege also erst einmal ganz intensiv die erfüllende Wahrnehmung, ehe ich nachdenke und handle.

Geborgen in Gott, gehe ich mit neuen Maßstäben, mit neuem Mut aus dem Alleinsein, der Stille, wieder hinaus ins rauhe Leben, gestärkt zum Einsatz für Frieden und Gerechtigkeit.

Impulse aus der Bibel

Gott sagte zum Propheten Elia: „Du da in deiner Höhle, tritt
vor mich! Denn ich will an dir vorübergehen!" Da kam ein hef-
tiger Sturm und riß Felsbrocken aus den Bergen. Aber Gott war
nicht im Sturm. Danach kam ein starkes Erdbeben. Aber Gott
war nicht im Erdbeben. Danach kam ein loderndes Feuer. Aber
Gott war nicht im Feuer.
Danach kam das Flüstern eines ganz leisen Windhauchs.
Als Elia das hörte, verhüllte er sein Gesicht ehrfürchtig mit
dem Mantel. Und Gott sprach ihn an. *(1. Buch der Könige,
Kapitel 19)*

Jesus kam aus Nazareth in Galiläa zu Johannes und ließ sich
von ihm im Jordan taufen. Gleich danach wurde Jesus vom
Geist Gottes in die Stille der Wüste geführt. Dort blieb er, er
allein, vierzig Tage lang.
Dann ging er nach Galiläa zurück und verkündigte Gottes Bot-
schaft: „Jetzt ist Gottes Stunde gekommen, das Reich seiner
Liebe bricht an. Ändert euer Leben, kehrt um zu Gott!"
Als die Sonne untergegangen war, brachten die Leute viele
Kranke und Besessene zu Jesus, und er heilte sie. Am nächsten
Morgen stand er schon vor Tagesanbruch auf und ging hinaus
an eine abgelegene Stelle, um dort allein zu sein und zu beten.
Petrus und die anderen suchten ihn, und als sie ihn gefunden
hatten, meinten sie vorwurfsvoll: „Alle fragen nach dir!" Jesus
sagte: „Wir müssen weiterziehen in die umliegenden Dörfer!"
So zog er durch ganz Galiläa, verkündete die Heilsbotschaft
und befreite viele aus der Gewalt dunkler Mächte. *(Evangelium des Markus, Kapitel 1)*

Worte der Ermutigung

Zu einem Mönch kamen Menschen und fragten ihn nach der Bedeutung von Alleinsein und Stille. Der Mönch schöpfte Wasser aus einem Brunnen und sagte: „Wenn ich das Wasser fördere, ist Unruhe an der Wasseroberfläche. Wenn jedoch Ruhe einkehrt, sieht man sich selber im Wasser. Das ist die Erfahrung der Stille!" *(Alte Mönchserzählung)*

Das Unglück des Menschen beginnt damit, daß er nicht in der Lage ist, mit sich allein im Zimmer zu bleiben. *(Blaise Pascal)*

Merke auf dieses feine, unaufhörliche Geräusch; es ist die Stille. Horch auf das, was man hört, wenn man nichts mehr vernimmt. *(Paul Valéry)*

Gott ist ein Freund des Schweigens. Bäume, Blumen und Gräser wachsen in der Stille. ... Je mehr wir im stillen Gebet empfangen, desto mehr können wir in unserem täglichen Leben ausgeben. *(Mutter Teresa)*

Daß wir Zeiten der Entspannung und Zurückgezogenheit brauchen, ist selbstverständlich. Es sind vor allem Zeiten, in denen wir Abstand gewinnen, Zeiten der Sammlung, Zeiten, in denen die Liebe Wurzeln schlagen kann. *(John A. T. Robinson)*

Gefühle angemessen ausleben

So nicht weiter!

Gefühle – keine leichte Sache für mich! Einerseits reagiere ich in gewissen Situationen unbeherrscht – himmelhoch jauchzend, zu Tode betrübt, lasse spontan-unüberlegt Dampf ab, Gefühle raus, und das richtet nicht selten Schaden an. Lebensfreude, Verzweiflung, Angst, Haß, Liebe – alle Gefühle purzeln dann chaotisch aus mir hinaus.

Liebe kann so zum Klammern werden, Zorn kann in ungebremste, schlägerische Aggressivität münden oder sich in dumpfe Zerstörungswut wandeln.

Andererseits habe ich teilweise auch Hemmungen, zu meinen Gefühlen zu stehen. Ich will sie nicht wahrhaben, verleugne Haß und Zorn, unterdrücke sie, zeige vielleicht trotz Zorn nach außen hin Freundlichkeit. Doch wenn ich aufgrund falscher, gerade falscher religiöser Erziehung Gefühle für böse halte, wenn ich aus lauter Angst Gefühle verdränge, hat das schlimme Folgen für mich und andere.

Mein Lächeln täuscht die Leute über meine Verletztheit hinweg – ich äußere nicht, was ich wirklich fühle, und ermuntere so die anderen zu neuen Bosheiten. Und Verdrängen schafft mir die unguten Gefühle nicht vom Hals, sondern tief in mir brodeln sie weiter, stauen sich wie in einem Druckluftkessel an.

Das macht mich an Seele und Leib krank. Und irgendwann kommt es zur Riesenexplosion – ich platze, Beziehungen können zerstört werden. Zumindest suchen sich die angestauten Gefühle unheilvolle Schleichwege. Außerdem kostet Verdrängen Energie, die ich besser für Sinnvolles einsetzen würde.

Ich fange neu an!

Ich sage „Ja" zu meinen Gefühlen und Leidenschaften, unterdrücke sie nicht – es sind gottgeschenkte, gesunde Lebenskräfte. Nur dank ihnen kann ich überhaupt etwas schaffen, habe ich Antrieb. Jede Leidenschaft, jedes Gefühl birgt sowohl Möglichkeiten zum Guten wie zum Bösen in sich.

Zorn ist nicht per se schlecht, sondern zunächst mal eine natürliche Antriebskraft. Ich selbst bestimme durch meine ordnende Vernunft, was ich daraus mache. Und ich will Gefühle zu guten Handlungen nutzen, in Orientierung an Gottes Weisungen. Also verantwortlicher, sinnvoller Umgang mit Gefühlen – und das heißt: maßvolles Ausleben.

Liebe, maßvoll ausgelebt, führt zu einer von Achtung, Nähe und Distanz geprägten Partnerschaft. Leidenschaftlicher Zorn über Ungerechtigkeit, maßvoll ausgelebt, wird zum Mut, sich für Gerechtigkeit einzusetzen. Maßlos ausgelebte Liebe hingegen führt zum Schlechten, zum Klammern.

Und maßlos ausgelebter Zorn entlädt sich spontan zerstörerisch, bewirkt Unverständnis und tiefe Verletzung – oder er wird allmählich zur dumpfen, zerstörerischen, vielleicht auch ohnmächtigen Wut.

Also: Jedes Gefühl annehmen, wirklich verspüren – es mir selbst gegenüber eingestehen – es anderen gegenüber maßvoll, angemessen, nicht bösartig und doch ganz deutlich zum Ausdruck bringen in Wort oder Geste – es herauslassen, loslassen – das Gefühl als Antrieb zu sinnvollem, gutem Handeln nehmen. Dann lebe ich verantwortlich, selbstbewußt, so richtig lebendig.

Impulse aus der Bibel

Es ist besser, jemanden zur Rede zu stellen, als Ärger in sich aufzustauen. In Zorn bringt mich vor allem eines: Wenn sich jemand vom Recht zum Unrecht wendet. Doch unbeherrschter Zorn und Rachsucht sind etwas Schlimmes – nur Sünder sind Meister darin.

Wenn jemand dir Unrecht getan hat, vergib ihm. Wenn du ihm, dem Sünder, nicht vergibst – wie kannst du dann um Gottes Vergebung für dich Sünder beten? *(Jesus Sirach, Kapitel 20, 26, 27, 28)*

Legt eure frühere Lebensweise ab, in der ihr euren ganz natürlichen Leidenschaften völlig unbeherrscht und ungeordnet nachginget. Diese Art zu leben ist zerstörerisch. Gottes Geist will euch mit einer neuen Gesinnung erfüllen.

Zieht den neuen Menschen an, den Gott selbst nach seinem Bild geschaffen hat und der gerecht und heilig lebt, weil er sich an das Wort der Wahrheit hält. Belügt euch also nicht länger und redet die Wahrheit. Wenn ihr zornig seid, dann handelt nicht maßlos, sondern sucht das offene Wort, die Versöhnung. Laßt auf diese Weise die Sonne nicht untergehen, bevor euer Zorn verflogen ist. Sagt kein bösartiges, verletzendes Wort, sondern redet aufbauende, hilfreiche Worte. Mit Verbitterung, mit aufbrausendem, übertriebenem Zorn, mit Wut, gehässigem Gerede und anderen Gemeinheiten sollt ihr nichts zu tun haben.

Beleidigt einander nicht, schreit einander nicht unbeherrscht an. Euer ganzes Leben sei von der Liebe bestimmt. *(Brief des Paulus an die Epheser, Kapitel 4 und 5)*

Worte der Ermutigung

Durch die Leidenschaften lebt der Mensch; durch die Vernunft existiert er bloß. *(Nicolas Chamfort)*

Als Asket unterdrückt er alles: seinen Ärger, sein Weinen, sein Lachen, seine Triebe, seine Bedürfnisse, seine Sehnsucht, seine Ängste, seine Zweifel, seine Zärtlichkeit. Als Asket unterdrückt er alles: sich selbst und die Menschen um ihn. *(Josef Dirnbeck/Martin Gutl)*

Es tut so gut zu weinen ... *(Susan Cygnet)*

Suchen wir unser Licht in unseren Gefühlen! In ihnen liegt eine Wärme, die viel Klarheit in sich schließt. *(Joseph Joubert)*

Solange man Leidenschaften hat, wird man nicht aufhören, die Welt zu entdecken. *(Cesare Pavese)*

Mutig sein

So nicht weiter!

Häufig bin ich mutlos. Angesichts der Widrigkeiten und Schrecknisse des Lebens erschrecke ich, und mein mangelndes Selbstbewußtsein sorgt dafür, daß ich mich den Widrigkeiten hilflos ausgeliefert fühle, statt sie tapfer anzugehen.

Alles bleibt beim Alten, ja, die Zustände verschlechtern sich sogar noch. Manchmal packt mich auch der Mut der Verzweiflung. Dann will ich mit dem Kopf durch die Wand – doch die Wand ist stärker, und ich stoße mir nur den Kopf blutig.

Es passiert mir teilweise auch, daß ich mich wie wild ins Helfen stürze – nach außen hin wirkt das sehr stark und mutig. Ich erscheine geradezu heldenhaft tapfer und selbstlos, unentwegt im Einsatz für andere – und spüre doch irgendwie: Das ist bloß falscher Schein!

Eigentlich geht es mir gar nicht um andere, sondern einzig um mich. Mein schwach entwickeltes Selbstbewußtsein, das Nicht-Zulassen meiner eigenen Bedürfnisse und Gefühle bringen mich dahin, mich nach außen hin stark, mutig, aufopferungsvoll zu geben. Der starke äußere Schein ist für mich nur das Mittel, um meine eigenen, als nicht gut empfundenen Bedürfnisse abzuwehren, zu verdrängen.

Diese als Nächstenliebe getarnte Selbsthilfe bringt aber nichts: Mein Selbstbewußtsein bleibt schwach, das Verdrängen eigener Bedürfnisse zieht mich immer tiefer in den Sumpf, außerdem brennt mich der Dauereinsatz für andere mehr und mehr aus – bis ich schließlich flachliege und mich gar nicht mehr einsetzen kann.

Ich fange neu an!

Mut heißt, den Widrigkeiten des Lebens offen ins Gesicht zu sehen, zu erschrecken – und dann unerschrocken aus einem gesunden Selbstbewußtsein heraus mit handfestem Optimismus an die Verwirklichung des Guten zu gehen und sich nicht abhalten zu lassen.

Die Widrigkeiten des Lebens sind zum Beispiel eigene Ängste, Nöte und Erstarrungen, sind ungerechte soziale Verhältnisse, Leid und Unwahrheit in der Welt. Dem trete ich entgegen mit dem Mut zu Wahrheit, Liebe, Leben.

Dabei spiele ich nicht den Helden – das würde mich ruinieren! Ich gehe nicht mit dem Kopf durch die Wand, sondern bin flexibel, passe mich um der Sache willen äußerlich den Gegebenheiten an, ohne mich innerlich verbiegen zu lassen.

Außerdem stürze ich mich nicht wie verrückt ins Helfen, sondern lasse eigene Bedürfnisse zu – und schaffe es durch mein Selbstvertrauen zugleich, an das Gute, an den Menschen zu glauben und Gutes zu verwirklichen. Ich bin ein Optimist mit Sympathie für die Menschen, setze mich auf gesunde Weise mutig für Menschen und Natur ein, wage die Liebe gegen alles Lebenszerstörende.

Der Einsatz zugunsten anderer hilft auch mir selbst. Er fördert mein Selbstbewußtsein, was wiederum dem Einsatz zugute kommt. Außerdem verliere ich, wenn ich mich fremdem Leiden und Sterben bewußt und mutig stelle, ein Stück Angst vor dem eigenen Leiden und Sterben. Und: Der Glaube an Gott, an seinen guten Willen mit mir und der Welt gibt mir Mut. Gott selbst stärkt mein Selbstbewußtsein, gibt mir Mut.

Impulse aus der Bibel

Ein fröhliches Herz erkennt man an einem fröhlichen Gesicht;
aber wenn das Herz unsicher und bekümmert ist, entfällt aller
Mut. Für den Niedergeschlagenen ist jeder Tag eine Qual; doch
wer guten Mutes ist, für den ist jeder Tag ein Glückstag.
Wer ein mutiges Herz und festen Willen hat, der wird auch das
Leiden bewältigen; wer aber den Mut zum Leben wegwirft, der
ist zu nichts mehr in der Lage. *(Sprüche Salomos, Kapitel 15
und 18)*

Glauben heißt vertrauen, und in diesem Vertrauen bezeugt
sich die Wirklichkeit dessen, worauf wir hoffen. In solch ver-
trauensvollem Mut verließ Moses Ägypten, um sein Volk aus
der Sklaverei zu befreien – ohne den Zorn des Pharao zu fürchten. Er rechnete so fest mit dem unsichtbaren Gott, als ob er
ihn wirklich sehen würde.
Es wären noch viele andere zu nennen, die in Glauben und
Gottvertrauen Großes vollbrachten. Mutig bezwangen sie
Königreiche, sorgten für Recht und Gerechtigkeit. All diese
Zeugen des Glaubens sind unsere Vorbilder.
Bislang habt ihr den Kampf gegen die Sünde, gegen das Böse
noch nicht bis aufs Blut geführt. Und trotzdem werdet ihr
schon mutlos. Macht also die kraftlos gewordenen Hände
wieder stark, die wankenden Knie wieder fest! Tut sichere
Schritte und bleibt auf dem geraden Weg.
Dann werden auch die Verzagten und Schwachen durch euch
neuen Mut fassen und heil werden! Bemüht euch um Frieden
und um ein Leben nach Gottes Weisungen! *(Brief an die
Hebräer, Kapitel 11 und 12)*

Worte der Ermutigung

Tapferkeit ist stets mit Menschlichkeit gepaart, während der Feige zur Grausamkeit neigt. *(Karl Peltzer)*

Der sittliche Mut ist es, der die höchste Stufe der Menschlichkeit kennzeichnet: Der Mut, die Wahrheit zu suchen und zu sagen. Der Mut, gerecht und rechtschaffen zu sein. *(Samuel Smiles)*

Singt die Lieder, die man aus eurem Mund nicht erwartet! Seid unbequem, seid Sand, nicht das Öl im Getriebe der Welt! *(Günter Eich)*

Mut und Ausharren. Immer den nächsten gezeigten Schritt auch tun! Also treu sein im Kleinen und zugleich offen sein für ganz neue Schritte. *(Katharina Tobien)*

Tapfer sein bedeutet die halbe Rettung. *(Aus Rußland)*

Gelassen leben

So nicht weiter!

Schon wieder so eine Nacht, in der ich kaum geschlafen, mich sorgenvoll im Bett gewälzt, aus dem Grübeln nicht herausgefunden habe. Unruhig bin ich, heimatlos, nicht geborgen. Und der Tag wird auch nichts Besseres bringen: Ich gerate von einer Hektik in die nächste, überstürze vieles, überanstrenge mich.

Und ich übertreibe auch ansonsten – ich explodiere, wenn etwas nicht schnell genug klappt oder falsch erledigt wird. Auslöser können andere Menschen sein, die meinen Wünschen nicht sofort Folge leisten.

Auslöser kann aber auch ich selbst sein, wenn ich eine Sache nicht korrekt schaffe – und über mich in Rage gerate, weil ich nicht bereit bin, Schwächen bei mir zuzulassen und mich mit ihnen anzunehmen.

Ich bin nicht gelassen – mir fehlt Ausgeglichenheit, innere Ruhe. Andererseits: Will ich es überhaupt werden? Unter „Gelassenheit" stelle ich mir spontan etwas Weltentrücktes vor – jemand ruht in sich, die Nöte der Welt sind ihm egal.

So eine Ausgeglichenheit und Gleichgültigkeit kommt für mich nicht in Frage! Oder, eine weitere Vorstellung: Jemand resigniert total, regt sich über nichts mehr auf, ist gefühlstot – Friedhofsruhe. Soll das etwa Gelassenheit sein? Nein danke!

Doch dann kenne ich wiederum einige Menschen, die mit beiden Beinen im Leben stehen, dabei in sich ruhen, langen Atem haben, friedlich, gut und einfühlsam mit sich und anderen umgehen. Wenn *das* Gelassenheit ist, dann könnte es mich reizen. Immerhin bin ich ja unzufrieden mit mir!

Ich fange neu an!

Gelassenheit braucht die Verankerung in Gott, das vertrauens-
volle Sich-Verlassen auf Gott. Ich fühle mich geborgen, von
Gott angenommen – für mich ist gut gesorgt, übertriebenes
Sorgen unnötig. „Normale" Sorgen lasse ich hochkommen,
lasse sie los, überlasse sie Gott. Die Ausrichtung auf Gott gibt
mir auch die Chance, aus der Distanz einen Blick aufs Leben
zu werfen – von der Ewigkeit, von meinem Tod her. So wird
mir vieles bis dahin Wichtige unwichtig.

Das alles entspannt mich, beruhigt mein Gemüt, führt zum
Seelenfrieden – ich nehme mich selbst an, werde gelassen.
Damit bin ich nicht leidenschaftslos. Ich spüre weiterhin Zorn
oder Freude, raste aber nicht aus, sondern bewahre Gelassenheit. Die verhindert auch, daß ich in dumpfe Schicksals-
ergebenheit verfalle:

Ich nehme mein Leiden nicht hin, sondern als zu mir gehörig
an – wobei ich es zugleich als Quälgeist sehe. Gegen den
kämpfe ich erst mal. Ist das vergeblich, muß ich in einem
schwierigen, doch lohnenden Prozeß lernen, mein Leiden
anders zu bewerten und von daher gelassen anzunehmen.

Ich sage bewußt „Ja" zu Gottes Plan mit meinem Leben, füge
mich darüber hinaus ein in das Ganze des göttlichen Plans, in
die Geschichte der Menschheit.

Gelassenheit ist keine Gleichgültigkeit gegenüber fremder
Not, sondern schärft sogar den Blick und läßt mich besser
helfen, behutsamer handeln. Darüber hinaus muß mein
zwischenmenschliches Verhalten insgesamt von Gelassenheit
geprägt sein, von verständnisvollem Annehmen.

Impulse aus der Bibel

Verlaß dich auf Gott, freu dich über ihn! Er gibt dir das, was du von Herzen wünscht. Vertraue deinem Gott, vertrau dich ihm an, und sorge dich nicht um deine Zukunft. Überlaß sie Gott, er wird es richtig machen! Sei geduldig, werde ruhig vor deinem Gott und erwarte gelassen sein Tun!

Reg dich nicht unnütz auf, laß dich nicht zu übermäßiger Wut hinreißen! Gott kümmert sich liebevoll um alle, die seinen Weisungen treu bleiben. Tag für Tag sorgt er für sie. An Unglückstagen enttäuscht er sie nicht, in Zeiten der Not hilft er ihnen.

Ja, mein Gott, trotz allem bleibe ich stets bei dir, du hältst mich an der Hand, du führst mich nach deinem Plan, und am Ende nimmst du mich auf in deine Herrlichkeit.

Wenn ich nur dich habe, frage ich nicht mehr nach Himmel und Erde. Auch wenn mein Leib und meine Seele Not leiden – du, Gott, hältst mich und bist allezeit meine Stärke – ja, du bist alles, was ich habe! *(Psalm 37 und 73)*

Jesus sagte: „Macht euch keine übertriebenen Sorgen um euer Leben, um Essen, Trinken und Kleidung. Leben bedeutet mehr als Essen und Trinken, der Mensch ist mehr als die Kleidung! Seht euch die Vögel an! Sie säen nicht, sie ernten nicht, sie sammeln keine Vorräte – und doch: Euer Vater im Himmel sorgt für sie.

Meint ihr nicht, daß er sich dann um euch noch viel mehr kümmert? Oder denkt ihr etwa, Gott würde euch vergessen? Vertraut ihr ihm so wenig?" *(Evangelium des Matthäus, Kapitel 6)*

Worte der Ermutigung

Gelassenheit ist eine anmutige Form des Selbstbewußtseins.
(Marie von Ebner-Eschenbach)

„Gibt es Wege, die eigene geistige Stärke zu messen?" –
„Viele." – „Nennt uns einen." – „Findet heraus, wie oft ihr
euch im Laufe eines einzigen Tages aufregt." *(Anthony de Mello)*

rastlos bist du in dir
bis du hinausgehst ...
auf den berg
und dort ...
auf den engel wartest
der deine schultern
berührt
(Käthi Hohl-Hauser)

Die höchsten Segnungen (des Seelenfriedens) ... fließen aus der
völligen Ergebung in Gottes Willen. *(Adéle Kamm)*

Wenn ich von jenem Ende aller Dinge weiß, dann wird das den
heutigen Tag und das Morgen aufs tiefste bestimmen. Ich
werde gelassener sein bei dem, was mir an Leidvollem widerfährt. ... Auch das ist eingeplant in Gottes höhere, zielgerich-
tete Gedanken. Ich werde auch nie mehr ganz fanatisch und
besessen und verbohrt sein können. .... Wer diese Gewißheit
hat, kann sich voll an die Stunde hingeben, ... sich verströmen.
(Helmut Thielicke)

Trösten können

So nicht weiter!

Um Trauernde mache ich lieber einen großen Bogen – wenn Menschen trauern, dann haben sie etwas Wertvolles verloren; ginge ich auf sie zu, würde ich sehr stark an meine persönlichen Verluste, an eigenen Schmerz erinnert. Das will ich vermeiden!

Doch gleichzeitig bezweifle ich, ob es wirklich richtig ist, andere Menschen in ihrer Trauer allein zu lassen. Und was habe ich für mich selbst davon, wenn ich der Konfrontation mit Verlust und Schmerz aus dem Weg gehe? Über kurz oder lang treffen mich ja doch unweigerlich im eigenen Leben wieder Verluste – und dann stehe ich noch immer hilflos, unvorbereitet da.

Manchmal läßt es sich auch nicht vermeiden, mich um Trauernde zu kümmern. Aber unerfahren, wie ich in solchen Situationen nun mal bin, und unfähig, eigene Trauer zuzulassen und zu ertragen, verhalte ich mich alles andere als hilfreich. Ich bin mir durchaus bewußt, daß ich nicht tröste, sondern bloß vertröste und den Verlust verharmlose.

Statt echtem Trost bringe ich solche Sätze wie: „Zeit heilt Wunden!" – als würde die Zeit einfach so, ohne unser Dazutun, alles kurieren! Oder: „Das Leben geht weiter!" – natürlich geht es weiter, aber der Trauernde wird nur trauriger bei dem Gedanken, daß es ohne das Geliebte weitergeht.

Oder: „Wird schon alles wieder gut" – so etwas ist in der Verlustsituation Salz in offene Wunden! Oder ich komme mit frommen Sprüchen wie: „Der Herr gibt, der Herr nimmt!" – das bewirkt nicht Trost, sondern vielmehr Wut beim Betroffenen.

Ich fange neu an!

Trösten ist kein billiges Vertrösten. Sondern: Ich stehe Niedergedrückten solidarisch bei, helfe ihnen bei nötiger Trauerarbeit, um ihnen aufzuhelfen. Erster wichtiger Punkt: Ich muß berücksichtigen, daß Trauer ein langer Prozeß ist, zu dem auch Gefühle der Wut und Niedergeschlagenheit gehören – über die ich nicht hinweglügen, die ich beim anderen nicht unterdrücken darf.

Im Gegenteil: Ich muß ihm helfen, sie anzunehmen und rauszulassen. Um überhaupt helfen zu können, muß ich selbst zur Trauer fähig sein, *mit*trauern können – ohne zu stark mitzuleiden, auch ohne jammernd zu *be*mitleiden, denn das hilft keinem.

Trösten heißt nicht, Trauer grundsätzlich „auszuradieren". Denn Trauer bedeutet ja wesentlich: schmerzliche Erinnerung an das geliebte Verlorene. Diese Erinnerung aber darf nicht ausgelöscht werden, weil das eine Entwertung des Verlorenen wäre. Also ermutige ich den Betroffenen, seine Erinnerung, seine Trauer zu bewahren.

Doch zugleich – das ist der zweite wichtige Punkt – ermutige ich ihn, nicht zu stark am Vergangenen zu hängen, die eigene Gegenwart und Zukunft nicht zu entwerten, vielmehr neue Perspektiven zu entwickeln, offen zu sein für das Leben, die Liebe – offen zu sein für Gott, der stärker ist als jeder Verlust, der ein Gott allen Trostes ist und in dem die Toten geborgen sind.

Ich ermutige dazu, im Leiden eine Chance zu sehen und nicht zu resignieren. Trost heißt von daher zugleich, Hoffnung auf Befreiung vermitteln – und mit dieser Hoffnung ernst machen, indem ich selbst auf Leben, Liebe und Gerechtigkeit hinarbeite und Mutlose dazu ermutige.

Impulse aus der Bibel

„Tröstet, tröstet mein Volk!" sagt euer Gott. „Sprecht den
Menschen Mut zu, verkündet ihnen, daß die schreckliche Zeit
zu Ende geht!" Hört, eine Stimme ruft: „Bahnt unserm Gott in
der Wüste den Weg!"
Und so spricht Gott: „Ebnet den Weg! Zwar bin ich der unfaßbar Heilige in unendlichen Höhen, aber ich komme zu den
Gedemütigten und Verzweifelten im Staub der Erde und gebe
ihnen Hoffnung und neuen Mut. Ich will einen neuen Himmel
und eine neue Erde schaffen, Weinen und Klagen werden ver-
stummen.
Laßt euch von mir trösten, wie ein Kind getröstet ist an der
Mutterbrust. Saugt euch satt! Ich, euer Gott, gebe euch Frieden
wie einen nie versiegenden Strom. Ja, ich will euch trösten,
wie eine Mutter ihr Kind tröstet!
Der Kummer wird euch nicht mehr beherrschen, neuer
Lebensmut wird in euch erwachen, so, wie im Frühling das
frische Grün sproßt!" *(Prophet Jesaja, Kapitel 40, 57, 65, 66)*

Gepriesen sei Gott, der Vater unseres Herrn Jesus Christus, der
Vater aller Barmherzigkeit, der Gott, der uns in jeder Not
tröstet. In allen Schwierigkeiten ermutigt er uns.
Darum können wir auch anderen in ihren Nöten Mut machen.
Wir können sie so trösten, wie Gott uns selbst tröstet und
ermutigt. *(2. Brief des Paulus an die Korinther, Kapitel 1)*

Worte der Ermutigung

Trost ist keine Flut von Worten. ... Trost ist wie ein gütiges Gesicht in deiner Nähe von jemandem, der deine Tränen versteht. *(Phil Bosmans)*

Diejenigen, die mir (nach dem Tod des Ehemannes) ... am meisten geholfen haben, ... vermieden es, sanfte ... Worte auszusprechen ... Die Reaktion der Trauernden darauf ist nämlich fast unvermeidlich das Selbstmitleid, und das ist eines der schlimmsten Hindernisse auf dem Weg zur echten Heilung der Trauer. *(Catherine Marshall)*

Ich bin da, mit dir durchzustehen. *(Hans Martin Nicolai)*

Trotz allem Freundeswort und Mitgefühlsgebärden
bleibt jeder tiefe Schmerz ein Eremit auf Erden.
(Nikolaus Lenau)

Jeder braucht Trost. So wollen wir denn einander die Hand geben, die Gesunden den Kranken, die weniger Leidenden den schwer Leidenden – und wohl auch umgekehrt. Auch das ist eine Erfahrungsweisheit. ... Ein Kranker, der seine Leiden innerlich akzeptiert hat, kann eine Ruhe, Gelassenheit und Zufriedenheit ausstrahlen, die den Gesunden Mut und Trost gibt. *(Johannes B. Brantschen)*

Mich nicht ans Gemocht-Werden klammern

So nicht weiter!

In meinem Denken und Verhalten mache ich mich viel zu stark von anderen Menschen abhängig. Dauernd frage ich mich ängstlich, ob das, was ich denke und tun will und an dessen Richtigkeit ich glaube, wohl den anderen gefällt. Wenn ich meine, daß es ihnen nicht gefällt, lasse ich's lieber sein.

Und verhalte ich mich tatsächlich mal, wie andere es nicht mögen, dann entschuldige ich mich gleich und versuche, so was nie wieder zu tun. Außerdem habe ich noch bestimmte Eigenschaften, mit denen ich persönlich durchaus zufrieden bin, die anderen aber nicht gefallen – und deshalb verleugne und verdränge ich sie.

Daneben gibt es auch Fälle, wo ich ahne oder weiß, daß jemand mich rundum als Person nicht mag – unabhängig von meiner Weltanschauung, meinem Verhalten, meinen Eigenschaften. Das kann ganz vordergründig sein – einfach, weil ihm meine Nase nicht gefällt und er von da aus dummerweise auf die ganze Person schließt.

Oder weil jemand an dem Tag äußerst mißgelaunt ist und niemanden sympathisch findet. Es kann aber auch in tiefere, unbewußte Schichten reichen und mit lang vergangenen Kindheitserlebnissen zu tun haben, daß jemand mich „einfach so" nicht mag – ohne genau sagen zu können, warum.

Egal, welche Ursache es hat – ich werde damit nicht fertig, wenn andere mich nicht mögen, ihre Ablehnung macht mich fix und fertig. Nur: Wenn ich's deshalb drauf anlege, von allen gemocht zu werden, bin ich eine farblose, mickrige, angepaßte Figur ohne Selbstbewußtsein.

Ich fange neu an!

Ich habe meine Überzeugungen, meine Wertvorstellungen – ich halte sie für richtig und vertrete sie auch, selbst wenn alle anderen dagegen sind. Wenn ich an Gottes Liebe glaube, wenn ich die Liebe in meinem Leben umsetzen will und andere mich deshalb für verrückt erklären, dann lasse ich mich dadurch nicht irritieren, sondern bleibe bei meiner Meinung.

Ich habe Eigenschaften, die ich bejahe, die von anderen aber, aus welchen Gründen immer, nicht gemocht werden – vielleicht gerade deshalb, weil die anderen diese Eigenschaft selbst haben, aber bei sich nicht zulassen und deshalb auch bei mir ablehnen müssen. Na gut, dann pfeife ich auf die Ablehnung der anderen und stehe zu mir.

Und wenn andere mich wegen meiner Nase oder aus unbewußten Motiven „rein gefühlsmäßig" ablehnen, dann kann ich sowieso nichts dagegen ausrichten. Sollte ich aber auf Ablehnung stoßen, weil ich tatsächlich eine Sache falsch gemacht habe, dann will ich daraus lernen und mich ändern.

Generell gilt: Ich bin meine eigene Persönlichkeit mit Ecken und Kanten, Stärken und Schwächen, mit meinen Überzeugungen, Eigenschaften, körperlichen Merkmalen. Ich habe einen hohen, von Gott verliehenen Wert. Ich gehe meinen eigenen Weg.

Nicht jeder kann mich mögen – es passiert nun mal, daß jemand etwas für falsch hält, was ich für richtig halte, oder daß jemand mich „automatisch" nicht mag. Das ist völlig normal – mir geht's umgekehrt ja genauso! Nicht jeder muß mich mögen! Nicht jeder darf mich mögen!

Impulse aus der Bibel

Wieder versammelte sich eine große Menschenmenge um Jesus. Als seine Angehörigen das erfuhren, wollten sie ihn mit Gewalt wegholen: „Er muß verrückt geworden sein!" Doch Jesus predigte weiter am See Genezareth und kehrte später in seinen Heimatort Nazareth zurück. Am Sabbat sprach er in der Synagoge.

Viele Zuhörer fragten: „Woher hat er diese Weisheit? Woher die Kraft, Wunder zu wirken? Er ist doch der Zimmermann, der Sohn Marias. Seine Verwandten sind Leute wie wir!" Ärgerlich lehnten sie ihn ab.

Da sagte Jesus: „Nirgendwo gilt ein Prophet weniger als in seiner Heimat!" Einigen Kranken legte er die Hände auf, und sie wurden gesund. *(Evangelium des Markus, Kapitel 3, 4, 6)*

Mich wundert es sehr, daß ihr euch so schnell von Gott abbringen laßt, der euch durch Jesus Christus neues Leben geschenkt hat. Ihr meint, einen anderen Weg zur Befreiung, ein anderes Evangelium gefunden zu haben? Dabei kann es gar kein anderes Evangelium geben! Es gibt nur einige Leute, die Verwirrung stiften, indem sie das Evangelium verfälschen.

Doch wer euch einen anderen Weg zum Heil verkünden will als das Evangelium, das wir euch gepredigt haben, den wird Gottes Urteil treffen. Rede ich jetzt so, wie die Menschen es hören wollen, will ich ihnen gefallen – oder will ich Gott gefallen? Erwarte ich, daß die Menschen mich mögen und mir Beifall klatschen?

Ich gehöre zu Christus und folge seinem Wort und Beispiel – wie kann ich mich da noch vom Beifall der Menschen abhängig machen! *(Brief des Paulus an die Galater, Kapitel 1)*

Worte der Ermutigung

Abhängigkeiten? Ja! Durch Liebe, aber nicht durch Furcht.
(Gerhart Hauptmann)

TRAU DICH!
Manchmal komme ich mir
so höflich vor,
so angepaßt, so etabliert,
so brav, ...
so maßlos ängstlich,
es könnte mich jemand
nicht mögen –
und mag mich selbst nicht mehr.
(Jochen Mariss)

Wir sind so gewohnt, uns vor anderen zu verbergen, daß wir uns schließlich vor uns selber verbergen.
(François La Rochefoucauld)

Gehorsam, Armut und Keuschheit werden gelebt in suchender, weinender, aufrührerischer, tapferer Liebe. Hundert- und tausendfach in allen Ecken der Welt, eine trotzige Liebe gegen und inmitten aller Mittelmäßigkeit und Anpassung.
(Ruth Pfau)

Jeder muß den Mut zu seiner Meinung haben.
(Alexander von Humboldt)

Leistung sinnvoll einordnen und erbringen

So nicht weiter!

Meist passe ich mich dem Druck der Gesellschaft an, für die Leistung und Erfolg alles ist. Oberstes Prinzip ist die atemlose Jagd nach Karriere, Reichtum, Lustgewinn. Nur der Gewinner zählt. Rücksichtslos geht man aufs Ziel zu.

Der Leistungswahn reicht von Erfolgstrainingsseminaren für Berufstätige bis hin in den Bereich der Sexualität, wo „Wunderpillen" für den Mann die Hoffnung auf ununterbrochene sexuelle Leistungskraft wecken und die Gefahr heraufbeschwören, daß Erotik und Zärtlichkeit noch mehr auf der Strecke bleiben. Alles wird für machbar erklärt – und ich lasse mich drauf ein und setze mir oft unrealistisch hohe Ziele. Die erreiche ich natürlich nicht, was bei mir Verzweiflung hervorruft. Und auch, wenn ich ein an sich erreichbares Ziel nicht schaffe, bricht für mich gleich die Welt zusammen. Ich bin nun mal ganz stark auf den Erfolg fixiert.

Ab und zu falle ich allerdings auch ins genaue Gegenteil, bin schlampig, lasse meine Talente brachliegen. Damit aber werde ich meiner Verantwortung vor Gott, vor den Menschen, vor mir selbst nicht gerecht.

Vor mir selbst zum Beispiel auf die Weise nicht: Wenn ich völlig auf Leistung und Erfolg pfeife, dann tue ich nichts für ein gesundes Selbstbewußtsein. Selbstachtung wächst, je günstiger das Verhältnis von Anspruch und Erfolg ist. Habe ich keine Ansprüche an mich und demzufolge keinen Erfolg, bedeutet das null Selbstachtung, Vernachlässigung meiner selbst.

Ich fange neu an!

Leistung und Erfolg will ich weder verteufeln noch vergöttern. Weder will ich schlampig sein – noch Leistung und Erfolg zu wichtig nehmen; es gibt Entscheidenderes, das nichts mit Leistung zu tun hat, sondern mit Empfangen, mit beglückender Passivität. Wenn ich offen bin für Gott, empfange ich ohne Vorleistungen, als Geschenk der Liebe Gottes, Kraft und Trost, Befreiung an Seele und Leib.

Bei Gott habe ich einen Namen, lange bevor ich selbst versuche, mir durch Leistung einen Namen zu machen. Ähnliches gilt auch etwa für das Musikhören – oder für liebevolle zwischenmenschliche Beziehungen, für Zärtlichkeit, wo es nicht um Erfolge geht, sondern um Empfangen und Schenken. Ich bin nicht gezwungen, dauernd Leistungen zu erbringen. Ich soll und kann etwas leisten, muß es aber vernünftig einordnen, muß erkennen, daß es Wichtigeres gibt. Und will ich etwas leisten, dann benenne ich klar mein Ziel, verfolge es ausdauernd und im Bewußtsein dessen, was ich früher schon alles geschafft habe.

Ich setze mir nicht unbesonnen ein zu hohes Ziel, sondern sehe meine Grenzen – bleibe aber auch nicht unter meinen Fähigkeiten, lote sie kreativ aus. Und ich plane Zwischenziele ein, statt den ganzen Berg auf einmal packen zu wollen.

Sollte ich Fehler machen, gehe ich trotzdem weiter. Und schaffe ich ein an sich erreichbares Ziel mal nicht, dann verzweifle ich nicht, sondern akzeptiere das und sehe auch, daß mein Bemühen als solches schon mein Selbstbewußtsein gefördert hat. Also ein realistischer Optimismus.

Impulse aus der Bibel

Wer geldgierig ist, kriegt nie genug, und wer den Luxus liebt, hat immer zu wenig – all das ist so sinnlos! Das Wichtigste im Leben, das, worauf es für den Menschen ganz entscheidend ankommt, ist dies: Sei offen für Gott und seine Liebe, nimm seine Weisungen ernst, indem du die Liebe lebst!

Das ist alles, worauf es für den Menschen ankommt! Gott wird sein Urteil sprechen über unsere guten und unsere schlechten Taten, auch wenn sie jetzt noch verborgen sind. *(Prediger Salomo, Kapitel 5 und 12)*

Gottes Barmherzigkeit ist groß. Er liebt uns so sehr, daß er uns mit Christus neues Leben schenkt. Haben wir das verdient? Nein! Wir verdanken es allein Gottes freizügiger Liebe. Durch den Glauben an Jesus Christus sind wir dem Tod entrissen und ins wahre Leben gestellt. Nur durch Gottes unverdiente Güte seid ihr befreit.

Ihr habt diese Liebe erfahren, weil ihr an Jesus Christus glaubt. Aber selbst dieser Glaube ist Geschenk Gottes und nicht euer eigenes Werk. Durch eigene Leistungen könnt ihr bei Gott nichts erreichen.

Deshalb kann sich auch niemand auf sein eigenes Tun etwas einbilden. Nein, es ist allein Gottes Werk. Er hat etwas aus uns gemacht, schafft uns neu durch Jesus Christus, damit wir Gutes tun. *(Brief des Paulus an die Epheser, Kapitel 2)*

Worte der Ermutigung

Erfolg ist keines der Worte Gottes. *(Martin Buber)*

Nicht der Erfolg, sondern der Glaube ist unsere Aufgabe. *(Mutter Teresa)*

Nachdem mein Blick mit Gottes Hilfe nun nicht mehr auf „Erfolg", sondern auf Seine Gegenwart ausgerichtet war, ... brauchte (ich) mich nicht mehr frustriert zu fühlen. *(Bilquis Sheikh)*

Es geht nicht um Erfolg, sondern um Gestalt; nicht um Wirkung, sondern um Wirklichkeit. *(Willy Kramp)*

Der wahrhaft Erfolgreiche ist kein Erfolgsjäger. Er verwaltet nur seine Talente. Er weiß, daß sie ihm gereicht sind zur besten Nutzung. *(Emil Oesch)*

„Ja" und „Nein" ehrlich gebrauchen

So nicht weiter!

Gerade mit dem „Nein" habe ich so meine Schwierigkeiten.
Häufig sage ich auf eine Bitte oder eine Einladung hin „Ja",
obwohl ich dem gar nicht folgen möchte. Oder jemand fragt
mich, ob ich etwas gut finde, und ich sage „Ja", obwohl ich's
schlecht finde.

Ich schaffe es nicht, das „Nein" der betreffenden Person gegenüber zum Ausdruck zu bringen – ich habe Angst, Zuneigung zu
verlieren, jemanden zu verletzen; ich würde mich schuldig
fühlen, scheue die Auseinandersetzung.

Nur: Damit mache ich mich selbst ganz klein, halte meine
wirklichen Bedürfnisse und Wünsche zurück, zeige kein
Selbstbewußtsein, keine Selbstachtung – ja, verliere sogar
noch an restlichem Selbstbewußtsein. Ich lasse mich von
anderen manipulieren, schiele unterwürfig nur auf deren
Zuneigung, will um Himmels willen keine Bitte abschlagen,
sondern bin jedem zu Gefallen.

Andererseits: Wie sollen Leute wirklich auf mich bauen
können, wenn ich sie dauernd anlüge und kein oder kaum
Selbstbewußtsein habe?

Außerdem passiert es mir öfters, daß ich „Nein" sage, wo ich
eigentlich „Ja" sagen sollte – nämlich mir selbst gegenüber,
und damit belüge ich mich selbst. Wie oft sage ich „Nein" zu
mir selbst, will meine Stärken und Schwächen, Freuden und
Leiden, Gefühle und Bedürfnisse nicht wahrhaben, bejahe
mich nicht, nehme mich nicht an!

Und auch das „Ja" gegenüber anderen Menschen, wenn ich
eigentlich „Nein" sagen möchte, ist gleichzeitig ein „Nein"
gegenüber meinen eigenen Bedürfnissen.

Ich fange neu an!

Nicht, daß ich *automatisch* „Nein" sagen will, wenn andere mich um etwas bitten und ich dazu keine Lust habe. Ich muß schauen, ob es mir tatsächlich gegen den Strich geht – oder ich nur zu träge bin, denn dann sollte ich meine Trägheit überwinden. Außerdem ist es ein Unterschied, ob mich ein Unbekannter zu etwas überreden will, das ich eigentlich nicht kaufen möchte – oder ob es sich um den Wunsch einer mir lieben Person handelt.

Im ersten Fall sage ich klar „Nein". Im zweiten Fall überlege ich gründlicher – verweigerte Hilfsbereitschaft wiegt hier schwer, weshalb ich, wenn immer möglich, „Ja" sage; doch auch anmerke, daß ich damit Probleme habe. Ist der Wunsch allerdings unzumutbar – etwa, weil er gegen die Liebe verstößt –, sage ich „Nein". Und werde ich gefragt, ob mir etwas gefällt, dann sage ich um der Wahrheit willen ebenfalls „Nein", wenn es mir nicht gefällt.

Es gibt zudem Situationen, wo ich etwa aus mehreren gleichterminierten Einladungen eine auswählen und deshalb zu den restlichen zwangsläufig „Nein" sagen muß. Generell gilt: Ich bringe mein „Nein" bestimmt, doch freundlich zum Ausdruck, betone, daß der andere mir wichtig ist, ich aber aus dem und dem Grund „Nein" sagen muß.

Mein „Nein" ist Zeichen meines Selbstbewußtseins und fördert es. Indem ich „Nein" zu anderen sage, sage ich „Ja" zu mir selbst. Darüber hinaus will ich grundsätzlich „Ja" statt „Nein" zu allem sagen, was mich ausmacht, zu meinen Bedürfnissen, Schwächen und Stärken. Und sage natürlich „Ja", wenn ich „Ja" meine, wenn ich von etwas überzeugt bin.

Impulse aus der Bibel

Jesus wurde vom Geist Gottes in die Wüste geführt. Nachdem er vierzig Tage und Nächte gefastet hatte, quälte ihn der Hunger. Da trat der Satan an ihn heran und sagte: „Wenn du Gottes Sohn bist, dann befiehl, daß diese Steine Brot werden!" Jesus antwortete: „Nein! Denn es steht in der Heiligen Schrift: ,Der Mensch lebt nicht allein von Brot, sondern von jedem Wort Gottes.'"

Später führte der Satan Jesus auf einen sehr hohen Berg, zeigte ihm alle Reiche der Welt und ihre Herrlichkeit und sagte: „Dies alles will ich dir geben, wenn du vor mir niederkniest und mich anbetest!" Da sagte Jesus: „Nein! Weg mit dir, Satan! Denn es steht geschrieben: ,Vor dem Herrn, deinem Gott, wirf dich nieder, ihn allein sollst du anbeten!'"

Darauf ließ der Satan von ihm ab, und Engel kamen und sorgten für Jesus. *(Evangelium des Matthäus, Kapitel 4)*

Bin ich etwa leichtfertig gewesen, als ich die Missionsreise nach Mazedonien plante? Entscheide ich etwa so, wie ich persönlich es für gut halte, ohne nach dem Willen Gottes zu fragen? Oder bin ich einer von den unzuverlässigen Typen, die „Ja" sagen, wenn sie in Wirklichkeit „Nein" meinen?

Gott ist mein Zeuge, daß ich nie etwas anderes sage, als ich tatsächlich meine. Auch Jesus Christus ist nicht gleichzeitig „Ja" und „Nein". Er selbst ist in seiner Person das „Ja" Gottes zu den Menschen, in ihm ist das reine „Ja" Wirklichkeit geworden, denn alle Zusagen Gottes haben sich in ihm erfüllt. Und deshalb sprechen wir zur Ehre Gottes unser „Amen". *(2. Brief des Paulus an die Korinther, Kapitel 1)*

Worte der Ermutigung

Viel ist schon gewonnen, wenn einer nur aufsteht und Nein sagt. *(Bertolt Brecht)*

Nichts ist schwerer und nichts erfordert mehr Charakter, als sich im offenen Gegensatz zu seiner Zeit zu befinden und laut zu sagen: Nein. *(Kurt Tucholsky)*

Liebe ist nicht schwächlich, sondern wagt es, die Wahrheit zu sagen. *(Veronika Gröhe)*

Ein Nein zur rechten Zeit erspart viel Widerwärtigkeit. *(Sprichwort)*

Dein Ja sei lang bedacht, doch heilig;
Dein Nein sprich mild, doch nicht zu eilig,
So wird das Ja den Freund erfreuen,
Das Nein dich selber niemals reuen.
(Anastasius Grün)

Innerlich reifen

So nicht weiter!

Früher hatte ich mal eine Idealvorstellung, wie ich werden wollte – und das hatte weniger mit materiellen Dingen zu tun, sondern mit „inneren Werten". Natürlich wußte und weiß ich, daß kein Mensch ideal sein kann, aber immerhin: Ich wollte mein persönliches Wachstum vorantreiben, im Lauf der Zeit ein immer freierer, immer menschlicherer Mensch werden. Tatsache ist: Lasch und träge bin ich geworden.

Ich stürze mich so in äußerliche Betriebsamkeit, daß ich keine Zeit mehr für mein Innenleben habe – vielleicht stürze ich mich auch deshalb hinein, weil ich gar nicht mehr nachdenken will. Denn Nachdenken über sich ist nicht leicht, bringt Ängste hoch – da drücke ich mich lieber.

Oft bin ich auch kindlich-hilflos, abhängig, lasse andere etwas tun, das sinnvollerweise ich selbst täte – und kann auf diese Weise nicht vorwärtskommen, nicht reifen.

Genausowenig, wenn ich Schwierigkeiten und Schmerzen grundsätzlich nur als zerstörerisch sehe. Dabei bieten gerade schmerzhafte Situationen Chancen zum Vorwärtskommen. Das weiß ich eigentlich, und doch sträube ich mich wie wild dagegen. So notwendig Bekämpfen von Leid auch ist – ich übertreibe es damit.

Am liebsten hätte ich ein Leben ohne dauerndes Auf und Ab, sondern nur mit Höhen, ohne Tiefen. Doch ich ahne zugleich, wie todlangweilig und wenig nützlich das wäre. Ich lebe mit vielen Unzufriedenheiten, mit Ängsten, die mich trotz aller Hektik lähmen. Ich trete auf der Stelle, komme nicht weiter, treibe hilflos herum, bringe mein eigentliches Ich nicht zur Blüte.

Ich fange neu an!

Persönliches Wachstum bedeutet innerliches Reifen – beständig stärker, gelassener, freier, menschlicher, göttlicher werden. Immer selbstbewußter, immer unabhängiger von Lob und Tadel gehe ich den eigenen Weg, in der Orientierung an Gottes Weisungen. Um Fort-Schritte machen zu können, befreie ich mich nach und nach von hinderlichen Ketten.

Ich muß mich, auch wenn's schwierig ist, aus den Ketten negativer kindlicher Prägungen befreien. Denn in ihnen bin ich hilflos, von anderen abhängig, von fremder Meinung bestimmt.

Ist es unmöglich, diese Hindernisse abzulegen, sollte ich sie nicht kindlich hinnehmen, sondern sie bewußt als einen Teil von mir annehmen – und trotz ihnen und mit ihnen mehr aus mir machen. Dann bin ich trotz Ketten nicht hilflos, sondern stark und komme vorwärts – das Annehmen selbst ist schon ein wichtiger Schritt auf dem Weg des Reifens.

Aus falschen Ängsten und übertriebenen Sorgen werde ich frei, wenn ich mein Vertrauen auf Gott setze. Je mehr ich darin wachse, desto gelassener und freier werde ich. Und ich muß mich frei machen von den Ketten des Egoismus.

Mein Reifen führt mich immer tiefer zu Gott, zu den Menschen, zu mir selbst – zu dem Menschen, der ich eigentlich sein soll: ein Mensch, der auf eigenen Füßen steht, Gutes tut, Verwundungen und Fehler als Chancen nutzt, in Höhen und Tiefen wie unter Sonne und Regen reifen will, sich mit seinen Grenzen annimmt, sich als einmalige Persönlichkeit von Gott bejaht und angenommen weiß.

Impulse aus der Bibel

Jakob rief seine Söhne zu sich und sagte zu Josef: „Du wirst dich gut entfalten, wirst wachsen und reifen wie ein Weinstock an der Quelle, dessen Zweige die Mauern überwuchern. Gott ist mit dir und hilft dir. Er sorgt wie ein Hirte, gibt Sicherheit und Stärke.
Gott wird dir seinen Segen schenken: Regen vom Himmel und Wasser aus den Tiefen der Erde. Deine Felder sind fruchtbar, dein Leben wächst und gedeiht unter Gottes Segen." *(1. Buch Mose, Kapitel 49)*

Wir bitten Gott, daß er euch innerlich wachsen lasse, so daß eure Liebe zueinander und zu allen Menschen überströmt. Als Kinder des Lichtes sollt ihr wach und einsatzbereit sein, angetan mit Glaube, Liebe und Hoffnung. Helft denen, die einfach so in den Tag hineinleben, ermutigt die Ängstlichen, stützt die Schwachen und bringt für jeden Menschen Geduld und Nachsicht auf.
Vergeltet Böses nicht mit Bösem, sondern tut allen Menschen Gutes. Lebt immer in der Freude an Gott. Laßt nicht nach im Gebet. Dankt Gott für alles. Laßt den Heiligen Geist ungehindert in euch wirken.
Prüft alles, und behaltet das Gute. Gott selbst, der uns seinen Frieden schenkt, vollende euch als sein heiliges Volk und bewahre euch im Innersten rein und unversehrt für den Tag, an dem Jesus Christus, unser Herr, wiederkommt. Gott ist treu – er wird euch vollenden. *(1. Brief des Paulus an die Thessalonicher, Kapitel 3, 4, 5)*

Worte der Ermutigung

Ein Mann, der Herrn K. lange nicht gesehen hatte, begrüßte ihn mit den Worten: „Sie haben sich gar nicht verändert." – „Oh!" sagte Herr K. und erbleichte. *(Bertolt Brecht)*

Wir sollen heiter Raum um Raum durchschreiten,
An keinem wie an einer Heimat hängen,
Der Weltgeist will nicht fesseln uns und engen,
Er will uns Stuf' um Stufe heben, weiten.
(Hermann Hesse)

Ich lebe mein Leben in wachsenden Ringen,
die sich über die Dinge ziehn.
Ich werde den letzten vielleicht nicht vollbringen,
aber versuchen will ich ihn.
(Rainer Maria Rilke)

Man sollte keine Zeit des Lebens und keine Situation negativ sehen, sondern sie als Chance zur Entwicklung nehmen.
(Luise Rinser)

Das Leben ist ... überhaupt nicht ein Wesen, sondern ein Werden, nicht eine Ruhe, sondern eine Übung. Wir sind's noch nicht, wir werden's aber. Es ist noch nicht getan und geschehen, es ist aber im Schwang. Es ist nicht das Ende, es ist eben der Weg. *(Martin Luther)*

Dankbarkeit spüren und zeigen

So nicht weiter!

Mit Dankbarkeit und Danken tue ich mich schwer. Dankbar
sein heißt ja: Freude empfinden über ein Geschenk – über eine
freiwillige, nicht an Bedingungen und Gegenleistungen
geknüpfte Wohltat, die mir jemand erweist und mit der er
Zuneigung ausdrückt. Das Danken in Worten oder durch Um-
armung ist leibhaftiger Ausdruck der Dankbarkeit.
Doch mit all dem habe ich meine Probleme. Erste Schwierigkeit: Vieles, über das ich mich freue, nehme ich überhaupt
nicht als Geschenk wahr, sondern als etwas Selbstverständ-
liches – ich empfinde also keine *dankbare* Freude.
Den Sonnentag am glitzernden Meer sehe ich nicht als das,
was er ist: Geschenk Gottes. Oder: Wenn mir ein Mitmensch
Gutes tut, ist das Empfangene für mich keine unverdiente, freiwillige Gabe, kein Geschenk. Ich bin der Auffassung: Das steht
mir einfach zu!
Zweite Schwierigkeit: Ich nehme etwas zwar als Geschenk
wahr und an, doch freue mich nicht – weil mein Herz, mein
Gefühl abgestorben ist oder mir das Geschenk nicht gefällt.
Mag sein, daß ich trotzdem „Danke" sage, aber das ist nur
Höflichkeitsfloskel. Dritte Schwierigkeit: Etwas, das an sich
Geschenk ist und über das ich mich freuen sollte, nehme ich
weder als Geschenk wahr noch freue ich mich darüber. Wann,
außer bei Genesung, freue ich mich „einfach so" über Gesundheit?
Wenn ich Geschenke nicht wahrnehme, keine Dankbarkeit
verspüre, nicht mehr bewußt sage: „Danke!" oder: „Das tut
mir gut!" – dann kriselt es bei mir, zwischen mir und anderen,
zwischen mir und Gott.

Ich fange neu an!

Dankbarkeit und Danken sind Merkmale der Menschlichkeit. Nichts ist mir selbstverständlich – ich nehme Geschenke als unverdiente Gaben wahr, freue mich. Ich sage „Danke" zu Menschen für täglich erwiesene Wohltaten. Ich danke Gott – für die Würde, die er mir geschenkt hat, für die Befreiung durch Jesus Christus. Gerade am Jahresende danke ich Gott für alles, was ich von ihm und durch ihn von Menschen im vergangenen Jahr bekommen habe: Zärtlichkeit, Lächeln, Naturerlebnisse, Morgenkaffee, gelungene Arbeit, Musik und ... und ...!

Danken will ich auch für Probleme und Leiden. Ja, auch dafür! Zwar zögere ich – sind Leiden etwa Geschenke Gottes? Gott kämpft doch gegen das Leid! Frage ohne Antwort, der letzte Sinn bleibt verborgen. Aber ich weiß zugleich: Das Dunkle kann mich tiefer- und weiterbringen. Dafür danke ich.

Danken ist „zwangsläufige" Reaktion bei tief dankbarem Herzen. Außerdem machen Dankbarkeit und Danken mir ganz klar: Ich bin geliebt! Das stärkt mein Wohlbefinden und mein Gut-Sein.

Danken nützt zugleich dem Schenkenden: Er freut sich, weil ich mich freue – und mein „Danke" zeigt ihm seine positiven menschlichen Fähigkeiten.

Und wenn mir eine geschenkte Vase nicht gefällt, nehme ich dennoch die liebevolle Absicht wahr, freue mich und danke. Auch Komplimente sind mir nicht länger peinlich – ich bedanke mich: „Das tut mir gut!" Zwar mache ich mich nicht von der Anerkennung anderer abhängig – aber ich weiß, daß ich durch Komplimente aufblühe und menschlicher werde.

Impulse aus der Bibel

Dankt unserm Gott, denn er ist gut zu uns, seine Liebe hört
niemals auf! So sollen alle singen, die Gott befreit hat! Sie
sollen ihm danken für seine Güte und für seine Wunder, mit
denen er uns beschenkt!
Viele irrten in trostlosen Wüsten umher und konnten den Weg
nicht mehr finden. Alle Hoffnung hatten sie aufgegeben. Doch
Gott rettete sie aus ihrer Not. Darum sollen sie ihm danken für
seine Güte und für seine Wunder, mit denen er uns beschenkt!
Er verwandelt dürres Land in eine Oase, läßt in der Steppe
Quellen aufbrechen. Wer einsichtig ist, wird es erkennen und
sehen, wie gütig unser Gott ist! *(Psalm 107)*

Ich danke meinem Gott mit großer Freude, sooft ich an euch
denke. Denn ihr habt euch vom ersten Tag an bis heute für das
Evangelium eingesetzt. Deshalb bin ich ganz sicher: Gott wird
das gute Werk, das er bei euch begonnen hat, auch vollenden
bis zu dem Tag, an dem Jesus Christus wiederkommt.
Steht also fest in der Kraft, die Gott euch schenkt. Freut euch
dankbar, daß ihr zu Jesus Christus gehört. Jeder soll eure Güte
und Freundlichkeit erfahren. Denn: Jesus, der Herr, kommt
bald!
Macht euch keine unnützen Sorgen, sondern wendet euch in
jeder Lage an Gott und bringt eure Bitten vor ihn! Tut es mit
Dank für das, was er euch geschenkt hat! Der Friede Gottes,
der alles menschliche Begreifen weit übersteigt, bewahre eure
Herzen und Gedanken in Jesus Christus! Und unser Herr Jesus
Christus lasse euch geborgen sein in seiner Gnade! *(Brief des
Paulus an die Philipper, Kapitel 1 und 4)*

Worte der Ermutigung

Die beste Art, Gott und den Menschen unsere Dankbarkeit zu zeigen, ist, alles froh anzunehmen. *(Mutter Teresa)*

Weißt du noch, wie mir damals die Zähne gezogen wurden? Ich hatte ziemliche Schmerzen und entdeckte mich trotzdem plötzlich dabei, daß ich Gott dankte, denn es war ein echtes, wirkliches Erleben. ... Zu solcher Echtheit möchte ich bei allem, was ich tue, durchstoßen. *(Florence Allshorn)*

Das Leiden lehrt manches, es lehrt auch die Dankbarkeit. Niemand ist dankbarer als ein Leidender, ja, man könnte sagen, daß Dankbarkeit der Leidensfähigkeit entstammt und daß sich die Fähigkeit zu ihr danach bemißt, wie tief einer gelitten hat. *(Thomas Mann)*

Im normalen Leben wird es einem oft gar nicht bewußt, daß der Mensch überhaupt unendlich mehr empfängt, als er gibt, und daß Dankbarkeit das Leben erst reich macht. Man überschätzt wohl leicht das eigene Wirken und Tun in seiner Wichtigkeit gegenüber dem, was man durch andere geworden ist. *(Dietrich Bonhoeffer)*

Alles prüfe der Mensch, sagen die Himmlischen,
Daß er, kräftig genährt, danken für Alles lern',
Und verstehe die Freiheit,
Aufzubrechen, wohin er will.
(Friedrich Hölderlin)

Zum Jahresausklang:
Großer Gott, wir loben dich!

Großer Gott meines Lebens, ich will dir lobsingen an allen drei Ufern deines einigen Lichts! Ich will mit meinem Lied ins Meer deiner Herrlichkeit springen: untertauchen will ich in den Wogen deiner Kraft!

Du goldener Gott deiner Sterne, du rauschender Gott deiner Stürme, du flammender Gott deiner feuerspeienden Berge! Du Gott deiner Ströme und deiner Meere, du Gott aller deiner Tiere, du Gott deiner Ähren und deiner wilden Rosen; ich danke dir, daß du uns erweckt hast, Herr, ich danke dir bis an die Chöre deiner Engel, sei gelobt für alles, was lebt!

Du Gott deines Sohnes, großer Gott deines ewigen Erbarmens, großer Gott deiner verirrten Menschen, du Gott aller, die da leiden, du Gott aller, die da sterben, brüderlicher Gott auf unserer dunklen Spur: Ich danke dir, daß du uns erlöst hast, Herr, ich danke dir bis an die Chöre deiner Engel, sei gelobt für unsere Seligkeit!

Du Gott deines Geistes, flutender Gott in deinen Tiefen von Liebe zu Liebe, Brausender bis hinab in meine Seele, Wehender durch alle meine Räume, Zündender durch alle meine Herzen, heil'ger Schöpfer deiner neuen Erde: Ich danke dir, daß ich dir danke, Herr, ich danke dir bis an die Chöre deiner Engel:

Gott meiner Psalmen, Gott meiner Harfen, großer Gott meiner Orgeln und Posaunen, ich will dir lobsingen an allen drei Ufern deines einigen Lichts! Ich will mit meinem Lied ins Meer deiner Herrlichkeit springen:
untertauchen will ich in den Wogen deiner Kraft!

(Gertrud von Le Fort)

Krippe, Kreuz und neues Leben – Der kirchliche Jahreskreis

Das kirchliche Jahr beginnt mit dem ersten Adventssonntag, also einige Wochen vor dem weltlichen Jahr, und ist durch besondere Feste und Sonntage geprägt, speziell die weihnachtliche und österliche Festzeit. Dieses Buch nimmt keinen Bezug zum Kirchenjahr, sondern enthält schlicht und einfach „durchnumerierte" Auftank-Impulse für 52 Wochen. Deshalb als Ergänzung für diejenigen, die bei der sonntäglichen Besinnung (oder der vorgezogenen Besinnung zum Wochenausklang) das Kirchenjahr nicht ganz außer acht lassen möchten, einige spirituelle Anmerkungen zu den großen kirchlichen Festzeiten.

Advents- und Weihnachtszeit

Gott wird Fleisch, ein Mensch mit Haut und Haar – in Jesus. Und warum? Um uns durch Jesu Verkündigung und in seiner Person zu zeigen, wer und was Gott ist: Liebe; um uns durch Jesu Wort zu sagen, wie wir sinnvoll leben können; vor allem aber, um uns durch Jesus, seine äußerste Liebe bis ans blutige Kreuz, ganz konkret auf den Menschen hin zu befreien, der wir sein sollen – wir brauchen uns nicht selbst aus dem Gefängnis unserer Gottesferne und Menschenferne zu erlösen. Selbsterlösung ist nicht möglich und nicht nötig – wir sind erlöste, befreite Menschen, wenn wir denn an den fleischgewordenen, gekreuzigten und auferstandenen Jesus Christus glauben, wenn wir Gott und Menschen lieben. Nicht, daß uns die Schatten der Schuld und des Todes dann nichts mehr anhaben könnten, aber: Die Tür zur Freiheit steht uns immer neu offen.

Wir dürfen also Weihnachten nicht ohne Karfreitag und Ostern sehen – über der Krippe ist schon das Kreuz unserer Erlösung, unserer Befreiung, errichtet, und dahinter schimmert das Morgenlicht der Auferstehung.

Und: Wir dürfen die Menschwerdung Gottes in der Geschichte, in einem jüdischen Kind nicht losgelöst sehen von der Fleischwerdung Gottes in uns selbst. Gott will in uns Gestalt annehmen, in uns und aus uns geboren werden – durch unseren Glauben, unsere Hoffnung, unsere Liebe.

„Er, das WORT, ist ein Mensch von Fleisch und Blut geworden und hat unter uns gelebt. Wir haben seine göttliche Hoheit geschaut, in ihm ist Gottes grenzenlose Güte und Treue zu uns gekommen. Kein Mensch hat Gott je gesehen. Nur der Eine, der Sohn, der selbst Gott ist und am Herzen des Vaters ruht, hat uns gesagt und gezeigt, wer Gott ist." *(Evangelium des Johannes, Kapitel 1)*

„Gott ist Liebe. Die Liebe Gottes zu uns ist für alle darin sichtbar geworden, daß Gott seinen einzigen Sohn in die Welt gesandt hat. Durch ihn wollte er uns neues und ewiges Leben schenken. Wir haben gesehen und bezeugen, daß der Vater den Sohn gesandt hat zum Retter der Welt. Wer bekennt, daß Jesus der Sohn Gottes ist, in dem bleibt Gott, und er bleibt in Gott. Gott ist Liebe, und wer in der Liebe bleibt, bleibt in Gott und Gott bleibt in ihm." *(1. Brief des Johannes, Kapitel 4)*

Der vierwöchige Advent ist eine ernste und zugleich hoffnungsvolle Zeit der Besinnung, der Umkehr – zur innerlichen Vorbereitung auf die Menschwerdung Gottes in Jesus; außerdem zur Vorbereitung auf das zweite Kommen Jesu, seine Wiederkunft am Ende der alten und am Beginn der vollendeten Welt; und auch zur Vorbereitung auf die Ankunft Gottes in unserem Herzen: „Bereitet eurem Gott den Weg; seht, er kommt und führt seine Herde zur Weide!" *(Prophet Jesaja, Kapitel 40)*

Aus: „Der Cherubinische Wandersmann" *(Johann Scheffler, gen. Angelus Silesius):*

O Unbegreiflichkeit! / Gott hat sich selbst verlorn, / drum will er wiederum / in mir sein neugeborn!

Ich muß Maria sein / und Gott aus mir gebären, / soll er mir ewiglich / die Seligkeit gewähren.

Wißt: Gott wird mir ein Kind, / liegt in der Jungfrau Schoß, / daß ich ihm werde Gott / und wachs ihm gleich und groß.

Wär Christus tausendmal / zu Bethlehem geboren / und nicht in dir: / du bliebest ewiglich verloren.

Passions- und Osterzeit

Karfreitag und Ostern – das zentrale Geschehen und Geheimnis des christlichen Glaubens. Ostern, die Auferstehung Jesu, ist das Fundament des Glaubens: Jesu Auferstehung erweist ihn und sein Wort als göttlich. Und läßt uns hoffen, daß wir wie Jesus, durch ihn, mit ihm zum österlichen Leben gelangen, zur vollkommenen Freiheit, zu den grenzenlosen Weiten im ewigen Osterlicht.

Das Neue Testament enthält die beeindruckenden, überzeugenden Osterberichte derer, die den Auferstandenen erlebt haben. Es sind stammelnde, tastende Versuche, das Unfaßbare in Worte zu fassen. Eine neue Schöpfung beginnt: Der vom Tod erstandene Jesus erscheint den Jüngerinnen und Jüngern, zeigt ihnen die Wundmale, ist dann ihren Augen wieder entschwunden – nicht einfach ein neubelebter Leichnam, sondern eine ganz neue Seinsweise, eine verklärte, himmlisch-lichtvolle Leiblichkeit: „O Leib wie zart, o Leib, wie fein, dringst durch verschloßne Türen ein wie durch das Glas die Sonne geht, da nichts den Strahlen widersteht!" *(Friedrich von Spee)*

Dabei handelt es sich nicht um die Einbildung überspannter Hirne oder die Umschreibung rein innerpersönlicher Vorgänge. Und weil das Geschehen alle üblichen Dimensionen sprengt, sind die Jüngerinnen und Jünger zwar Augen- und Ohrenzeugen, die den auferstandenen Jesus sinnenhaft erfahren, zugleich aber in veränderter Art der Wahrnehmung. Sie erkennen ihn nicht, und ihr Herz brennt – und sie erkennen ihn doch – es ist Jesus, der Gekreuzigte! Mit seinem Neusein bricht etwas auf gewohnte Weisen nicht mehr ohne weiteres Erfaßbares herein.

Unsere Befreiung hat allerdings zwei Voraussetzungen: Ostern *und* Karfreitag – der Tod Jesu ist Erlösungstod. Denn die Liebe Jesu, die äußerste Liebe des Gekreuzigten, füllt den Abgrund meiner Schuld auf; der mich von meiner eigentlichen Bestimmung trennt, von Freiheit, Liebe, Leben, Gott. Im Glauben an Jesus finde ich den Befreier, der mir den Weg zu Gott und zu den Menschen eröffnet. Ich brauche nicht mehr im Gefängnis meiner selbstgewählten Gottesferne und Menschenferne, meiner Schuld, zugrunde zu gehen. In der österlichen Liturgie heißt es: „Durch sein Sterben hat er unseren Tod vernichtet und durch seine Auferstehung das Leben neu geschaffen. O glückliche Schuld, welch großen Erlöser hast du gefunden!"

Dem Höhepunkt des Kirchenjahres, Karfreitag und Ostern, gehen ab dem Aschermittwoch vierzig Tage des Fastens, der Umkehr, der Besinnung voraus, zur Einstimmung in das Geheimnis der Erlösung. Wir sollen innerlich sterben für das Böse und als besserer Mensch auferstehen. Ostern selbst, das christliche Hauptfest, wird in der Liturgie fünfzig Tage lang (bis Pfingsten) intensiv gefeiert. Doch auch in jedem anderen Sonntag lebt Ostern fort: Jeder Sonntag ruft die Auferstehung Christi ins Gedächtnis – sozusagen 52 „kleine Osterfeste" im Jahr.

Am vierzigsten Tag nach Ostern ist das Fest der Himmelfahrt Jesu – eine oft mißverstandene Bezeichnung. Sie bedeutet nicht, daß sich ein wiederbelebter Toter hinauf in den blauen Himmel befördert. Sondern: Der auferstandene Jesus, der Christus einer neuen, verklärten Seinsweise, erscheint seinen Jüngerinnen und Jüngern nach vierzig Tagen nicht mehr, sondern geht geheimnisvoll ganz hinüber in die göttliche Welt, in den goldenen Hintergrund allen Daseins, und trägt nun das Universum in der All-Macht seiner Liebe. Zum Abschied verheißt er seinen Jüngerinnen und Jüngern den „Beistand aus der Höhe", den Heiligen Geist. Dieser göttliche Feueratem durchweht fünfzig Tage nach Ostern, an Pfingsten, wie ein Sturmwind die Jüngerinnen und Jünger, als verwandelnde und ermutigende Lebenskraft.

Das Dreifaltigkeitsfest (am Sonntag nach Pfingsten) ist feierlicher Ausklang der weihnachtlichen und österlichen Festzeit. Im Mittelpunkt steht – so fremdartig sich die Begriffe auf den ersten Blick anhören mögen – der *dreifaltige*, besser ausgedrückt: der *dreieinige* Gott, die Feier seines unergründlichen Geheimnisses, die Feier seines Liebeshandelns an uns. „Alles, was wir über Gott sagen können, ist, daß wir nichts über ihn sagen können", heißt es in der mittelalterlichen Theologie, und bei Augustinus: „Wenn du begreifst, ist es nicht Gott." Andererseits: Wenn wir gar nichts über Gott sagen, wird er zum abstrakt-nebulösen, unser Leben nicht mehr berührenden Prinzip. Deshalb müssen wir etwas über Gott sagen – und können es in aller Unzulänglichkeit auch. Wir sollten uns dabei an Bibel und Überlieferung halten. Sie sprechen von dem *einen* persönlichen Gott, der Liebe ist und sich uns auf *dreifache Weise* liebevoll zuwendet: als Schöpfer, Retter und Lebenskraft, in anderen traditionellen Worten: als Vater mit den mütterlichen Zügen, als Sohn und als Heiliger Geist. Dies sind die *drei* „Personen", die *drei unterschiedlichen personalen Seinsweisen* des *einen* unbegreiflichen Gottes der Liebe. Nochmals Augustinus: „Wir reden über Unsagbares, um doch irgendwie zu sagen, was auszusprechen uns unmöglich ist."

Aus: *„Der Cherubinische Wandersmann" (Johann Scheffler, gen. Angelus Silesius):*

Das Kreuz zu Golgatha / kann dich nicht von dem Bösen, / wo es nicht auch in dir / wird aufgericht't, erlösen.

Ich sag, es hilft dir nicht / daß Christus auferstanden, / wo du noch liegen bleibst / in Sünd und Todesbanden.

Wann du dich über dich / erhebst und Gott läßt walten, / so wird in deinem Geist / die Himmelfahrt gehalten.

Berührt dich Gottes Geist / mit seiner Wesenheit, / so wirst du neugeborn / als Kind der Ewigkeit.

Gott küßt sich in sich selbst, / sein Kuß, das ist sein Geist, / der Sohn ist, den er küßt, / der Vater, der's geleist'.

Gott ist so über all's, / daß man nichts sprechen kann, / drum betest du ihn auch / mit Schweigen besser an.

Pressestimmen zu Büchern von Uli Heuel im Verlag Styria:

Mut für jeden Tag

„In Sprache, Inhalt und Form drücken diese Kurzmeditationen aus, was der heutige kurzatmige Mensch sucht und braucht."
P. Manfred Richter, Kath. Glaubensinformation Berlin

„Wahrlich appetitliche Happen!"
Bibelreport der evgl. Deutschen Bibelgesellschaft

„Motivation und Power zum Start in den unbekannten Tag."
Katja Ebstein, Schauspielerin und Sängerin

„Ein gutes Früh-Stück biblischer Menschlichkeit, nicht nur für Bibelfromme."
Jürgen Fliege, TV-Talkmaster und Pfarrer

Fürbitten

„An jeder Stelle ist zu merken, daß der Verfasser mit beiden Füßen im Leben steht und seine Frömmigkeit echt ist. Ein Glückstreffer!"
Pastoralblatt